I0839818

Die Beutejäger locken mit feinem Tuch,
um die ängstliche Herde in Konsumhallen zu locken.

Helmut Hoppe

DIE GELENKTE

MASSE

**Wie die Eliten mit Verlockungen
hoffende Menschen
in die Marktverwertung treiben**

Bibliografische Information der Deutschen Nationalbibliothek:
Die Deutsche Nationalbibliothek verzeichnet diese Publikation in
der Deutschen Nationalbibliografie; detaillierte bibliografische Da-
ten sind im Internet über http://dnb.d-nb.de abrufbar.

Herstellung und Verlag

BoD – Books on Demand, Norderstedt

ISBN: 978-3-7481-0813-9

Inhaltsverzeichnis

Vorbemerkung

Was treibt Menschen an, die kritiklos um eine begehrte Stellung in unserer verwahrlosten Bereicherungsgesellschaft kämpfen? Denn diejenigen, die zukunftsgläubig ihre Menschlichkeit für ökonomische Zwecke aufgeben, und unsoziale Konzepte frühzeitig in ihr Gehirn einweben lassen, haben die schönsten Aussichten in einem gnadenlosen Wettkampf zu gewinnen. Diese Menschen müssen deshalb mit einer verinnerlichten Ordnung sich besonders darbieten, und mit feinem Äußeren ihre Verfügbarkeit anbieten.

Wer seine Verwertbarkeit in unserem jetzigen Wirtschaftssystem verkauft, dem erscheint seine Konkurrenzfähigkeit als Endprodukt seiner eigenen privaten Geschicklichkeit. Doch bevor er die Anerkennung und die erstrebte Belohnung ergatterte, musste er seine Individualität als Ware verkaufen. Er hat sich ausgerüstet für seine Verwertung in einem gnadenlosen Markt.

Die fein gewobenen Denkschablonen, die einen Aufstieg verheißen und in denen die Sieger als etwas besonderes erscheinen, schrauben das Gedankengut einer besonderen Gesellschaftsschicht in das Bewusstsein der breiten Masse und in die Persönlichkeitsentwicklung junger Menschen. Diese genormten Spielregeln sollen das wirklichen Machtgefüge in unserer Gesellschaft verschleiern. Menschen sollen sich in der stetig wachsenden Warenproduktion zielbewusst nützlich und heimisch fühlen. Sie sollen wehrlos vorgefertigte Lebenswege abstrampeln.

Die Erfahrung ein geachteter und untertänige Angestellter zu sein, und die unbrauchbaren leeren Hülsen vom Arbeitsmarkt am

Gesellschaftsrande liegen sehen, sind angebotene Symbole für eine sorglose und angstfreie Sicht der eigenen Lebenslage.

Der geführte und gefütterte Marktmensch wurde als Instrument angefertigt, um zum nützlichen Werkzeug einer Marktmaschinerie zu erblühen. Diese gelenkten Lebenspfade stellen wichtige Übereinkünfte für die Masse her, damit sie nicht erkennt, wofür auch die Angst der Menschen gesteuert wird. Wir müssen einen Blick in die Strategien der Konzernmanager wagen, in denen diese Konzepte der Angst ersonnen werden. Eine reibungslose Kauflust formt Menschen und ihr Ansehen bei anderen. Mehr Profite für eine besondere Elite als hohes Ziel wird jedoch verschleiert.

Die alltäglich vorgetragenen Mythen, die uns manipulieren, müssen wir entschlüsseln. Denn das Regime der Vermögenden ist schon in uns, und es beherrscht alle sozialen Sphären. Der Lebensweg abgerichteter Menschen, besonders im oberen Gesellschaftsraum ist erschreckend, er zeigt uns den maskierten Wahnsinn.

Es muss etwas geben was sich hinter dieser Maskerade, hinter dem Antrainierten versteckt. Was verbirgt sich hinter der beseelten feinen Bekleidung, dem vergötterten Reichtum und hinter den lackierten schnellen Prothesen? Was brodelt unter dem Anerkennungshunger und der Anhäufung von Besitz? Menschen lassen sich überwältigen ihre Tauglichkeit für dieses System mit Tarnkleider zu bestätigen. Die erhoffte Zustimmung, das Betteln um Anerkennung, und die quälende Angst in den Abgrund der Besitzlosigkeit abzusinken, ist das Einfallstor der Herrschenden. So züchtigen sie gefügige Komplizen und fleißige Konsumenten, die sich reibungslos der neoliberalen Gesellschaftsordnung ausliefern. Wer jedoch dieses Zurichten ablehnt, sich nicht einfügt, dem gleitet der Boden unter den Füßen weg. Die Verängstigung der Masse ist der Dünger für die Herrschaft der Vermögensbesitzer.

Erstes Kapitel

Der Konsument als Beute

In den oberen Etagen der globalen Großkonzerne ist der freudige Konsument das wichtigste Bauprojekt. Nicht nur, dass er zum Spielzeug mächtiger Herren hergerichtet wird, wenn er deren Produkte aus den Regalen nimmt, sondern weil ihm auch beim Kauf vermittelt wird, er sei ein wertvolles Mitglied einer Konsumentenschicht. Das Ziel dieser Bewusstseinsmanipulationen ist ein Konsument, der das Angebotene erfreut in den Warenkorb legt. Die Wege vieler Unternehmen hin zur Machtstellung auf Märkten, teilen jedoch etwas mit, dass unserem Bewusstsein verborgen bleiben soll. Denn in unserer marktwirtschaftlich organisierten Gesellschaft wird die Kauflust durch Werbeprogramme der Konzerne in die Konsumenten installiert. Diese gezielte Kommunikation erschaffen Wünsche die sich für die Geldelite in Profite umwandeln.

Stetig wachsende Wünsche benebelter Käufer schwimmen in Containern zu uns übers Meer, werden in Häfen auf große Lastkraftwagen verladen und rollen dann über Autobahnen zu den Konsummärkten. Ein stöhnendes stinkendes Band von hergestellten Wünschen fließt Tag und Nacht über unsere Straßen. Gleichzeitig reiben sich Lkw-Hersteller und Treibstoffgiganten verzückt die Hände. Am Tage belagern dann aufgescheuchte Käufer Parkplätze und irren verträumt vor voll gestopften Regalen umher.

Sobald wir mutig hinter diese Bühne schauen, sehen wir, wie Dirigenten mit Symbolen an Triebstrukturen appellieren, um Kaufentscheidungen der Konsumenten herbeizuführen. Die Kosten des Werbeorchesters findet sich natürlich in den Verkaufspreisen wieder. Alle Ausgaben, die von Unternehmern und Konzernen getätigt werden, um Menschen zum Kauf bestimmter Waren zu ermuntern, liegen über den Summen die der Staat für Bildung ausgibt. Profitmaximierung der Unternehmen ist wichtiger als Investitionen in die Bildung junger Menschen. Die Wirtschaftspolitik in einem solchen System richtet sich auf ein Ziel: Die umworbene Masse zu Konsumhandlungen zu bewegen, damit dicke Gewinne für Unternehmer sprudeln. Unverhüllter kann man die Abhängigkeit einer ganzen Gesellschaft von einer kleinen aber bestimmenden Elite und die Funktion der Politik in diesem System schwerlich in einem Bühnenbild darstellen. Die Konzerne brauchen für ihr rasantes Wachstum Menschen, die sich in ihre Strukturen einfügen. Sie züchten Körper die nicht ihren eigenen sozialen Impulsen, sonder dem äußeren Takt der Giganten folgen.

Es schwang sich da eine kleine Gruppe zu den Göttern der Wirtschaftsmaschinerie auf, sie beherrschen wie schon immer das Leben der abhängigen Masse unserer Gesellschaft.

In diese Abhängigkeiten wird hineingeboren, mit ihnen wird sozialisiert, und später können sich Erwachsene nicht mehr von ihrer Abhängigkeit distanzieren. Natürlich bringt das Gehirn sehr viele Vorinformationen mit, deutet ausgehend von genetisch verankertem Vorwissen und stellt Fragen, aber die Verformung der ursprünglichen Architektur hängt von der Einspeisung der Umwelt und von deren Strukturen ab.

Welche Symbole engen unser Bewusstsein ein ?

Ein riesiger Saal, gefüllt mit aufgereihten Menschen, alle reglos, nur ihre Hirne schalten und speichern, vorne spult sich ein sichtbares und lautes Geschehen ab. Das Geschehen wiederholt sich beliebig. Zur gleichen Zeit sitzen unzählige andere in kleinen Räumen in Häusern vor Bildschirmen und lassen Sichtbares und Hörbares vor sich abspielen. Auch tagsüber sitzen Schüler, große und kleine, viele Jahrgänge auf Stühlen und empfangen die Informationen, die man ihnen zugedacht und zugemessen hat. Wer dirigiert da hinter den Kulissen und formt? Sinnbotschafter arbeiten als Beleuchter, spielen auf Tastaturen, denn sie sind die Macher der öffentliche Meinung. Ständig werden die Kulissen für neugierige Marktmenschen hin und her geschoben.

So serviert man uns tagtäglich die uns zugedachten Neuigkeiten. Damen und Herren in feinem maßgeschneiderten Tuch kommen und gehen, steigen breite Treppen hinauf, automatisiertes Lächeln, schütteln Hände, dann wird Papier unter blitzenden Kameras unterzeichnet. Ein Unternehmen soll in Stücke geschnitten werden. Das ganze läuft unter der Herrschaft vom Streben nach Profit, das sich in Symbole wie Exporte, Absatzmärkte, Unternehmenserträge, Konsumnachfrage, Lohnkürzungen, Reformen, Entlassungen und Steuerbegünstigung ausdrückt.

Nächstes Bild: Menschen mit harten Gesichtszügen sitzen an langen Tischen, verhandeln um Teile von Prozenten, um Kündigungen, um Lohnkürzungen und um Subventionen. Das Ganze spielt sich ab in einem Systems, das sich mit Bezeichnungen wie Lohnzurückhaltung, Kapitalerträge, Wettbewerb, Investitionen und Privatisierung schmückt. Dabei benennen weder die Vordenker noch die Damen und Herren an den langen Tischen das Machtgefüge dem sie dienen. Die schmückenden Begriffe sind Werkzeuge, mit denen dem regungslosen Publikum ein System in ihre Hirne fest eingeschrieben wird. Nicht ein Gedanke zündet im Zuschauersaal, ob nicht langfristig dieses System zu unserem Untergang führt, ja führen muss. Solche Gedanken überhaupt zu fassen ist den Gehirnen der Anwesenden nicht mehr möglich. Durch ein Gebirge von Informationen, über Prioritäten, über Wachstumsschlager, über Exporterlöse und über politische Absprachen sind alle Speicherkapazitäten und Netzwerkverschaltungen der Gehirne voll oder verstopft – mit anderen Worten, besetzt von Programmen der Botschafter. Und die Blockierten können nicht das Andere denken, sie funktionieren nur gut für eine Elite.

Manchmal, viel zu selten, blitzt ein neuer abtrünniger Gedanke oder doch eine neue Erkenntnis – ein hoher Beamter gesteht im privaten Gespräch, er und seine Kollegen seien Räder des Systems. Nach dem Gespräch fährt er jedoch mit dem Dienstwagen wieder in seine feine Amtsstube zurück und nimmt die Sechzigstundenwoche im Räderwerk wieder auf. Er sitzt dort oft vor Fernsehkameras und erklärt, die Regierung dürfe nicht so pingelig mit den Wirtschaftsprogrammen sein, besonders bei einer drohenden Rezession nicht, sie müsse den Konsum ankurbeln. Abends ist dieser Mensch dann rechtschaffen müde, nach der völligen Abwesenheit von Skrupel bei seiner Tätigkeit am Tage, die sinnlos wäre, hätte sie nicht die Billigung der Masse.

Wählen wir ein weiteres Theaterstück aus: Eine öffentliche Diskussion. Laut tönen die Botschaften: Wirtschaftswachstum, Exportüberschuss, Armut steigt, Schere tut sich auf, Reiche, Linke, Konsumkrise und rettet den Sozialstaat. Bis weit in die Kreise der Gehirngrößen hinein wird nach wie vor dieser Sprachgebrauch verwendet, der längst untauglich geworden ist um die unsichtbare Herrschaft der Vermögensbesitzer zu beschreiben. Da wird beredt mit strapazierfähigen Sätzen gehandelt, ohne das sie noch mehr vermitteln würden als alte wohlvertraute Denkmuster die neue Denkprozesse behindern. Der blühendste Begriff ist „Wohlstandsgesellschaft". Er verzaubert buchstäblich die neuadelige Klassengesellschaft in der wir uns befinden. Denn die Hälfte der Menschen in unserer Gesellschaft lebt nicht in einem wohligen Stand. Doch die zauberhaften Mythen, die Trost erzählen und Hoffnung versprechen, sind in die Hirne der Masse eingesät worden.

Schweigen im Zuschauerraum, vereinzelt tropft Angstschweiß. Statthalter aus Politik und Wirtschaft betreten nun die große Bühne, Kapitalismuskritik wird laut beiseite geschoben, und dann laut: Wir brauchen Wachstumsimpulse, und das Reichengeld muss gesichert werden. Eine kleine Kontroverse über unser Wirtschaftssystem ist entfacht. Aber eine notwendige Kritik verblasst sofort mit der mehr oder weniger verhüllten Anerkennung des gesellschaftlichen und wirtschaftlichen Status quo. Alle großen Vorträge in wissenschaftlichen Räumen oder in Vorstandsetagen haben eine neoliberale Richtschnur, die auf Befehle des Kapitals schon in den geglätteten Hochschulen geknüpft wurde, und nun können die teilnehmenden Hirne kein anderes Denken zulassen.

In der Tiefe ist diese Unfähigkeit sich von alten Anschauungen und Denkmustern loszureißen, einer der schrecklichsten und gefährlichsten Ausweise der Kolonialmacht neuer Denkschablonen, die sich nicht überschreiben lassen wollen. Gegen eine Kontroverse kann ein gutsituierter Ideologe eigentlich wenig haben. Im Gegenteil, Kontroversen ist der Kraftdünger für seine Gehirn-Äcker. Denn solange darüber gestritten wird, ob der Mindestlohn angehoben oder eine Reichensteuer eingeführt werden soll, solange kann das System selber überleben. Dieses System von Klassenverhältnisse wird eher gestärkt, und überhaupt nicht in Frage gestellt. Die feine Ideologie gedeiht und wird fetter. Im Bankensektor werden die innovativsten Finanzprodukte entworfen und ausgeführt, doch in der Politik begnügt man sich mit einem Sparpaket gegen Arbeitslose, in dem die Prioritäten signalisieren, dass die eigenen Sympathisanten bedient werden müssen. Die Mächtigen sparen eher bei den ausgeschiedenen Nutzlosen.

Welche Rolle spielen nun die Meinungsbotschafter der Medienindustrie auf der Bühne? Wenn ein Hof-Blatt irgendeine Scheinkontroverse entfacht, um gläubige Leser in die Irre zu führen, dann ist es die große Schlagzeile. Diese Wirbel um etwas ist, natürlich ohne dass der naive Leser es weiß, eine perfekte Art um Unwissenheit in die Masse zu verstreuen. Und diese Wirbel brauchen Diener, die sie erzeugen – eben der Diener der Meinungsindustrie, der gesteuerte Journalist. Je scheinbar scharfsinniger sie ihren Geschäften nachgehen, so eleganter der Wirbel, desto geschützter die Identität der Machthaber, für die sie zu funktionieren haben.

Auf geschickte Weise knüpfen die Arbeitgeber und Meinungstransporter, die gemeinsam Ziele haben, ihren Pragmatismus und ihre Ideologie zu einem Konzept. Dieses trifft bei den bürgerlichen Schichten, die für ökonomische Fragen besonders empfänglich sind, und sich uneingeschränkt an den Trögen ihrer Wohlstandgemeinschaft versammeln wollen, auf eine begehrliche Stimmungslage. Einige populistisch aufgeladene Stichworte stechen besonders hervor, und sehnsüchtige Gehirne versammeln sich gerne hinter ihre Botschaften.

Erstens: Für die Ursachen der wirtschaftlichen Krisen werden neoliberal die Gewerkschaften beschuldigt, sowie der ausufernde Sozialstaat, starre Vorschriften und zu hohe Löhne verantwortlich gemacht. Und diejenigen, die selbst in Gefahr sind in die Arbeitslosigkeit abgestoßen zu werden, glauben noch aus eigener Kraft die Inanspruchnahme des Sozialstaates entrinnen zu können. Die Empfehlungen von Eigenverantwortung und Selbstaktivierung, als die tragenden Prinzipien der sozialen Sicherheit, die nicht auf den Samariter-dienst des Staates setzt, knüpft an den illusorischen Glauben individueller Stärke. Dieser Glaube verhehlt vorzüglich die verschlungene Macht von großen Industrieunternehmen und Politik, wodurch sich LohnarbeiterInnen im Arbeitsprozess weitgehend wie Untertanen beugen müssen.

Allein schon die strukturelle Arbeitslosigkeit, die sich in unserem Land immer weiter ausbreitet, vertieft die Spaltung unserer halb blühenden Gesellschaft in einen durch Besitztum ergatterten Kernbereich und einen abgedrängten Kranz von Arbeitslosen. Dies müsste doch die hartnäckigsten Ideologen zur Umkehr anregen. Nichts, nur freudiges inneres klatschen. Zu verführerisch die begehrten Einkommen und die steuerlichen Abschreibungsmöglichkeiten. Nur unbewegliche Hirne auf den Rängen. Keinen zaghaften Schritt des Gewissens zu den Rändern der Gesellschaft.

Zweitens: Eine völlig überzogene Kritik an der linken Politik, die in ihr ein kommunistisches Modell sieht und auf den blanken Verrat aller mit diesem Begriff verknüpften Alternativen hinausläuft. Sie setzt auf die immer wieder neu geschürten Ängste vor Enteignung und Einkommenseinbußen. Diese Position bedient das Kapital, denn nichts wäre schlimmer als das Schwinden der Konsumfreudigkeit. Und es gibt noch genügend geschäftliche Gefühle im Lande, die sich gerne bereichern möchten.

Drittens: Die prahlende Feier der Leistungsträger entwertet alle Menschen, die aus Arbeitsverhältnissen ausgespült wurden. Für die rechten und liberalen Positionen ist es das einheitsstiftende Motiv. Die Ökonomisierung des sozialen Lebens muss vorangetrieben werden. Die Einäscherung des Sozialstaats muss endlich gelingen. Eine Profitorientierung mit ihren gnadenlosen Herrschaftsinstrumenten nimmt Einzug in die Neuronenverschaltungen der Gehirne und feiert dort durch Überschreibungen zahlungskräftige Bedürfnisse. In den Konsumsphären der Kreuzschiffsfahrten bis hinauf zu den teuren Sportwagen und Yachten wird mit Bejahenden angestoßen. Auf den Jahreshauptversammlungen vieler Aktiengesellschaften bewegen sich reibend einige Hände, da bewegt sich Geld in weit geöffneten Schatullen.

Diese produzierten Deutungsmuster, die für die Position einiger Gruppierungen von elementarer Bedeutung sind, lassen sich auch im Rezeptbuch neuerer Institute für Gesellschaftspolitik wiederfinden. Denn im unbarmherzigen Wettbewerb um die Aufmerksamkeit zukünftiger Konsumenten suchen die Anbieter der Konsumgüter, einschließlich ihrer Werbeindustrie, verzweifelt nach noch unbearbeiteten Konsumenten. Denn Konsumgüter und Käufer sind wichtige Öle für das eingesetzte Kapital der Geldelite.

Wie konnte man jede kritische Opposition in unserer Gesellschaft ausbremsen? Durch eine gezielte Einführung von Existenzbedrohungen in unserer Wettbewerbsgesellschaft. Hierfür diente vorzüglich die Einführung magerer Löhne und auch die Angst vor dem Abrutsch in die Erwerbslosigkeit. Diese Ängste werden dann mit einer größeren Programmauswahl der Fernsehsender, mit Flachbildschirmen und kleinen Ersatzeinkäufe in Shops gemildert. Diese angebotenen Ersatzmittel besänftigen kurz die Ängste und das Erleben der Leere. Man kann sich für wenige Tage mit den Kleinbürgerlichen messen. Hochwertigere Schichten erfreuen sich am Abend in feinen Restaurants, in Fahrzeugen der Premium-Klasse und in ihren privaten Winkeln schöner Bausubstanz. Die gesellschaftlichen Spalten werden so kritiklos über pinselt. Dicke Risse in unserer Gesellschaft, wie die Entstehung verarmter Gruppen, wurden in die Wohnsilos der Vorstädte abgeschoben. Dort sind sie für den gehobenen Bundesbürger unsichtbar. Nur nicht rütteln am geliebten Standort, am hochwertigen Konsum und Dienstwagen, nur nicht zweifeln an besonderen Vorzeigegeräten. Es ist nicht so wichtig wie andere Menschen leben müssen. Und die vielen Ausgesonderten werden immer gebraucht, diese Wertlosen, diese Verlierer, als Sündenböcke.

Zweites Kapitel

Die Lenkung der Herde

Der übergeordnete Mensch der über andere verfügt, verschleiert seine Macht, indem er Untergeordnete anfeuert ihm nachzueifern. Erst an den Symptomen seine Macht wird erkennbar, welches Elend durch die Verfügung über die untere Masse entsteht. Den wirtschaftliche Nutzen, die Unternehmer aus Arbeitnehmern ziehen können, ist jedoch nur möglich, wenn Lohnabhängige dazu erzogen werden, sich nur in ökonomische Zwecke einzunisten.

Diese Anregung wird in Selbstverwirklichung umgedeutet. Sie entfaltet sich besonders in Machtverhältnisse, die darauf angelegt sind, die Einwilligung der abhängig Beschäftigen in die Fremdverfügung voran zu treiben. Der private Mensch und sein Wille, frei zu wählen, ist von Anbeginn eine Selbsttäuschung. Die Inhalte seiner Wahl gehorchen eher den Gesetzen der Konkurrenz und nicht den eigenen verborgenen Hoffnungen und Bedürfnissen. Menschen werden zu nützlichen Konsumenten umgestaltet, damit sie sich als Mitglieder der Tüchtigen fühlen können.

Es ist der innere Drang der wirtschaftlichen Eliten, das menschliche Wesen für den Markt herzustellen. Immer wenn es wieder verkündet wird, ist die Idee des autonomen Bürgers ideologisch. Gute Konsumenten wie auch Lohnabhängige sollen glauben, dass ihr Glück oder Unglück von ihren privaten Wünschen abhinge und nicht von Marktgesetzen beherrscht werden. Die Menschen beugen sich durch die Verinnerlichung ökonomischer Prinzipien, deren Gesetze sie durch gestreute Ängste kritiklos übernehmen.

Die Kälte in beruflichen Beziehungen lässt viele Menschen erstarren. Die Mühe sich psychisch warm zuhalten und den langsam durchsickernden Frost abzuwehren, raubt die Möglichkeit für ein anderes Denken. Das des Verstandes beraubtem Gehirn erfreut sich eher über politische Rituale, die dazu dienen, Freunde und Feinde auseinander zuhalten, als die Wirklichkeit zu verstehen. Ohne Reflexion kriechen wir auf den vorgelegten Gleisen der Eliten. Unsere vorgeformten Hoffnungen, Wünsche und kläglichen Entmündigungen sind von industriellen Mächten gelenkt. Diese Mächte beeinflussen nicht nur einfach das Private, sondern sie dringen in es ein. Wir sollen lernen, den Marktbürger oder die mächtigen Konzerne nicht als etwas dem Mensch gegenüber zu stellen. Wir sind nun selbst kleine Teile des gesellschaftlichen Marktes, und unsere Gehirne arbeiten fleißig darin.

Als Nebenprodukt der von außen angestoßenen Selbstaktivierung entsteht eine Verzauberung menschlicher Beziehungen, Reaktionen und Gefühle. Abgehoben von sozialen Beziehungen erscheinen sie als individuelle Reaktionen freier Männer und Frauen auf besondere Situationen und nicht als das, was sie wirklich sind: Menschliche Reaktionen auf eine beängstigende Lebenszukunft. Heute sind soziale Beziehungen nur oberflächlich, denn sie haben mehr mit Dingen und Markt gemein als mit Subjekten. Und das liegt nicht am bösen Willen, sondern an einer unheilvollen Umgebung. Der Kult der Besonderheit, der Kult sich mit feinen Kleidern auszuschmücken, ist eine direkte Reaktion auf eine Not.

In dieses Bild passt der Ansporn der Politik, der Arbeitnehmer müsse zum Unternehmer seines Lebens aktiviert werden. Die Menschen in der unteren Hälfte der Gesellschaft als Unternehmer ihrer Arbeitskraft und Daseins fügen sich ein in die Ideologie der oberen Hälfte. Auf der Bühne gehen die Scheinwerfer für das soziale Umfeld aus, denn es muss im Dunkeln bleiben. Ein Sprecher betritt die Bühne und verkündet: Angesichts der schwierigen wirtschaftlichen Lage sei jetzt nicht mehr die Zeit, Forderungen an den Wohlfahrtsstaat zu stellen ohne zu neue Leistungen bereit zu sein. Solidarische Ansprüche haben ihre Berechtigung verloren, und Kräfte der Selbstorganisation in unserer Gesellschaft müssen aktiviert werden!

Durch diese politischen Rituale wird der Eindruck gefestigt, als könne der Einzelne ganz auf sich selbst geworfen tätig werden und der soziale Raum des geforderten Handelns müsse nicht weiter berücksichtigt werden. Zweifellos hat der Sozialstaat bis zu den 1980er-Jahren durch seine sozialen Reparaturprogramme die Lebensläufe kalkulierbarer gemacht. Doch danach rammte sich eine ausbeutende Wirtschaftsform in unsere Gesellschaft, der es gelang, die sozialen und gesundheitlichen Schäden, die durch Arbeitsprozesse in den Menschen angerichtet wurden, zu individualisieren. Der Ruf nach Selbstverantwortung signalisiert, dass die stetig steigenden Schäden, nun vom neuen Wohlfahrtsstaat nicht mehr repariert werden können und sollen.

Es haben nicht alle die gleichen Voraussetzungen für eine selbstaktivierende Lebenspolitik, denn der Staat schafft nicht den Rahmen für Eigeninitiative und Selbstverantwortung aller. Die gesellschaftliche Mitte verfügt über angemessene Kapitalien, wie finanzielle, kulturelle oder soziale, um sich tatkräftig durchzusetzen, jedoch die darunter haben leere Hände. Zu befürchten ist, dass jetzt ein neues gesellschaftliches Leitbild in das Alltagsbewusstsein installiert wird, das überwiegend nur an die Maßstäbe der mittleren und gehobenen Schichten andockt.

Die Semantik der Eigenverantwortung beherrscht vollkommen die Beschäftigungspolitik. Die jämmerliche Arbeitsmarktlage verhöhnt die Leiharbeiter, wenn Eigeninitiativen gefordert wird. Denn tatsächlich ist die hohe Arbeitslosigkeit auf eine immer geringere

Nachfrage von Arbeitskräften zurückzuführen. Vollbeschäftigung wird es zukünftig nicht mehr geben. Doch weiterhin muss Arbeitslosigkeit in Reden der Botschafter aus Arbeitgeberkreisen als mangelnde Motivation und geringe Nützlichkeit der Erwerbslosen dargestellt werden, um keinen Zweifel an der Richtigkeit der Profitwirtschaft aufkommen zu lassen. Es darf keine Kritik entstehen an unserer entfesselten Marktwirtschaft, denn viele erhoffen sich kriechend Erfüllung von ihr und ein schönes Leben in ihr.

Von den Arbeitslosen werden jedoch unaufhörliche Bewerbungsanstrengungen verlangt, sowie unermüdliche Beweglichkeit in der neuen Beschäftigung. Die Löhne sind durch Werkverträge beweglich nach unten, denn der Rest wird ja aufgestockt. Die Richtung ist fein markiert. Unternehmer möchten möglichst ohne Personalkosten höhere Profite erwirtschaften. Diese massiven Einschnitte in Lebensentwürfe lassen sich nur dann von der Politik medial erfolgreich verwenden, wenn die prekäre Arbeitssituation den Betroffenen als letztlich selbst verschuldet unterstellt wird. Der Mensch als Unternehmer seiner Arbeitskraft und Daseinsvorsorge fügt sich in diese bürgerliche Leitfigur, der damit unter Ausblendung seiner sozialen Umwelt, die aus Herrschaftsverhältnissen besteht, zum Fabrikant seiner Konsumentenlaufbahn wird. Diese politisch geforderte Selbstaktivierung verlagert die Ausbeutung nach innen. Jetzt sind auch die diffusen Herrschenden nicht mehr Fokus der Kritik, sondern der Nachbar kann rufen: Du bist zu faul, um etwas gegen deine Arbeitslosigkeit zu tun!

Der Sozialstaat will mit dieser Strategie seine Beschwichtigungskosten für die Hartz IV-Empfänger senken. Soll er auch den Wunsch der Arbeitgeber nach weiteren Steuersenkungen befolgen? Gleichzeitig kann sich auch das Konsumverhalten der Selbstunternehmer ändern, sie schwenken um zu vorgeordneten Wünschen und die Werbung trifft endlich auf fruchtbareren Boden. Es lässt sich leicht erkennen, dass das neue gesellschaftliche Leitbild, das aus den Selbstverantwortungsforderungen folgt, und mit den einschneidenden Umwälzungen im Bereich des Arbeitsmarktes begründet wird, nun Arbeitslose leichter aus dem gesellschaftlichen Leben aussortiert und ihre Unbeweglichkeit als Faulenzerei eingestuft werden kann. Mit dieser nur individualisierenden Zuschreibung von Verantwortung befreit sich endlich der Sozialstaat von der Aufgabe, Arbeitslosigkeit als Ergebnis vorherrschender marktwirtschaftlicher Bedingungen anzuerkennen. Reift diese Politik zur Blüte, ist sie erst fest in Gehirne verankert, dann ist einer Gesellschaftskritik der Boden entzogen. Wirtschaft und Politik hat nun ihren Sitz fest im Überich.

Wie entstehen solche Anpassungsmechanismen? Angleichung, Fügsamkeit, Aufstiege und der Zwang zur Übereinstimmung nehmen in den verschiedenen sozialen Schichten unserer Gesellschaft verschiedene Formen an. In den mittleren Schichten entscheiden das Vorzeigen der als richtig markierten Konsumbedürfnisse und das Demonstrieren des besonderen Lebensstils nicht nur über den individuellen Aufstieg, sondern auch darüber, ob einer den sozialen Status wird einnehmen können, der ihm nach Herkunft und Bildungsstand zukommt. Oder kommt es zur sozialen Ächtung, wenn ein fehlerhaftes Konsumverhalten sichtbar wird. Die verinnerlichte Angst vor sozialer Isolation wird an allen Orten spürbar. Versteckte Feindseligkeit überwuchert das Alltagsleben im Bekanntenkreis. Soziale Kontrolle, die man über andere ausübt, in der Form: - Was machen sie beruflich und welche Schule besuchen ihr Kinder? - Ist eine kaum mehr bewusste Sanktionierung abweichendes Verhalten. Innerhalb der unteren Schichten, d. h. der Masse die im Niedriglohnbereich Arbeitenden und der Arbeitslosen, regelt sich die düstere Lebenslage des Einzelnen durch Anfeindungen, die der Träger von Macht ihnen verordnet hat.

Manchem Arbeitgeber ist Unterwürfigkeit lieber als Fähigkeiten. Von Migranten erwartet man die Übernahme kleinbürgerlichen Verhaltens, eine bestimmte Konsumneigung, Ordnung und eine auf Disziplin abzielende Vergesellschaftung. Die Fügsamkeit der gegeneinander insgeheim Ausgespielten, ihre latente Feindseligkeit geht in den lohnabhängigen Massen einher mit der Übernahme vorgefertigtem Konsumverhalten. Man möchte so gerne gleichziehen mit dem Lebensstiel der mittleren Schicht, so gerne die Bräuche der Kolonialherren übernehmen. Der Unterworfene ohne wirtschaftliche und politische Macht, findet hier seine schmale Chance zumutbarer Lebensidylle in der Nachahmung durch Rasenmähen und Heckenschneiden. An trockenen Sommertagen hört man das grausige Brummen Hunderttausende von Mähern, die vor keiner kleinen Pflanze halt machen. Bürgerliches Ansehen dient innerhalb der Übernommenen zur wichtigsten Abgrenzung gegen die noch Tiefer stehenden, die auf kleinen Balkonen ein paar Würstchen braten.

Es ist ein Gnadenakt der Arbeitgeber den Widerstandslosen aufzunehmen. In dem Maße, wie Unterwürfigkeit und Duldung in das Gehäuse der Arbeitsbeziehungen einkehrt, passt sich das seelische Gefüge der Bedrängten diesem gesellschaftlichen Zustand in Richtung Unterordnung an. Menschen versöhnen sich mit ihrer Lage, in dem sie aneinander leiden und aneinander leiden lassen. Zusätzlich erfüllt diese Feindseligkeit eine ordnungsliebende und marktstabilisierende Funktion. Menschen erinnern sich im Vollzug ihrer eigenen Aggressionen gegenüber anderen an das verdeckte Gesicht bürgerlicher Ordnung. Dadurch werden sie geprellt, werden sogar zu Komplizen der Bevormundung gemacht, die ihnen immer wieder übergestülpt wurde. Zu viele Menschen erfahren ihre Umgebung ungerecht und hart, ahnen kaum, an welchen Orten sie selbst dazu beitragen, fragen nicht zugleich nach den wahren Ursachen des Zustandes.

Die Einübung in diesen Zustand beginnt schon früh: in der Schule. Auch hier also unter sozialen Bedingungen von Ohnmacht und Macht. Dort lernen die Kinder Angst durch die Bedeutung der disziplinierenden Noten kennen. Man lehrt sie, was sie als Berufstätige und Konsumenten an Fähigkeiten benötigen. Die Fähigkeit der Wahrheitssuche erwerben Kinder hier nicht. Erklärte man ihnen, welche Kapitalinteressen und politische Kommandozentralen dieser Gesellschaft ihre Zukunftserwartungen verletzen und beeinträchtigen, und man erklärte es so, dass sie es auch verstehen, dann könnte die Feindseligkeit morgen aus den zwischenmenschlichen Beziehungen schwinden. Wo aber in den Schichtungen der Gesellschaft die genährte Feindschaft aufzuhören droht, und wo, infolge des Abbaus von Fügsamkeit, offene Aggression gegen herrschende Großkonzerne sich wenden könnte, stehen Muster der einebnenden Beschwichtigung bereit. Sei es die Fähigkeit einzelner Politiker im Alltagsbewusstsein der Bürger Randgruppen als faule Objekte zu installieren, oder die Leute durch verführerische Konsumangebote zu integrieren, irgendetwas hilft schon für die Beschwichtigung und dem Abspeisen. Die Kanalisierung von Feindseligkeit gegen bestimmte gesellschaftliche Gruppen führt ja vorübergehend zu einer Entlastung zwischenmenschlicher Konflikte, denn die Mitglieder der Mehrheit rücken etwas näher zusammen. Doch die Treibjagd auf den freigegebenen Feind hebt aber langfristig den Konflikt der Ausbeutung nicht auf.

Die Verwalter der Kultur und der öffentlichen Meinung, allesamt Mitglieder der herrschenden Schichten, marschieren mitsamt ihren Machtwerkzeugen und wirtschaftlichen Ideologien über die Lohnabhängigen hinweg, rühmen sich noch, wenn die physisch und psychisch krankmachenden Faktoren der ausbeutenden Sozialverhältnisse in Betrieben von der Pharmaindustrie und den Sozialämtern aufgefangen werden. Die schwierigen und bedenklichen Verhältnisse unserer Arbeitsgesellschaft wird in dem Maße weiter zunehmen, wie die Leiharbeiter, Zeitarbeiter und Aufstocker in die Unternehmen einziehen. Dieser Puffer oder auch Übergangslösung signalisiert nur, dass Unternehmer in Zukunft möglichst ohne Arbeitnehmer tätig sein wollen. Der jetzige Arbeitsmarkt lebt von der Angst vor dem sozialen Abstieg. Angst motiviert immer wieder zur Hinnahme und Übereinkunft mit dem Erdrückenden. Die Schwebelage, in der sich unsicher Beschäftigte befinden, drückt es bedrückend aus. Das Festhalten am dreigliedrigen Schulsystem vieler Eltern ist ein weiteres Bild. Vom Traum angetrieben, zu den Festangestellten zu gehören, bewegen Menschen alle Energien, um den Wettlauf in die hohe Belegschaft zu gewinnen. Dieses Bild vermitteln sie auch ihren Kindern, und in den Schulen weht ein rauer Wind. Lassen jedoch SchülerInnen in ihren Anstrengungen nach, droht der Absturz in die Kellerräume der Gesellschaft, droht die vollständige Trennung von regulärer Erwerbsarbeit.

Bestürzend und fesselnd, daran sei noch einmal erinnert, wirkt die wirtschaftliche Unsicherheit auf das Bewusstsein und Verhalten vieler Arbeiter und Arbeiterinnen. Dieses Marktlaufwerk ist für sie eine Mühle, in der sie wie Korn gemahlen werden. In diesem steinernen Mahlwerk der Unterwerfung Ohnmächtiger in einen marktwirtschaftlichen Zustand, wird mit mageren Konsumartikeln verschleiert, was zu erahnen ist. Dieser Zustand versagt ihnen Selbstbewusstsein, in dem er Brot gibt, und in dem er sie vom Aufstieg ausgeschlossen halten soll. Dieses Räderwerk wird nicht nur vom Kapitalismus in Gang gehalten, sondern die Herren der Wirtschaft drehen es unentwegt und mühelos.

Erstaunlich ist, dass sich die Geräderten weiterhin in die Warteschlangen einreihen, die die Job-Center schmücken. Zeigt sich in der dauernden Ablehnung, in den endlosen Zurückweisungen der Wartenden nicht vor allem eine Inszenierung, deren Aufgabe darin besteht, die Arbeitsuchenden von ihrer Nichtigkeit zu überzeugen? Dem gefügigen Publikum das Bild ihres Misserfolges einzuhämmern und die Vorstellung medial zu verbreiten, die Betroffenen seien selbst dafür verantwortlich? Sie sind nur Besiegte, in die Enge getriebene, gefesselte Einzelschicksale, die sich am Rand der Gesellschaft entlang schleichen sollen. Zwischen diesen Enteigneten und den Kernbelegschaften großer Konzerne entsteht so eine Art milchige Trennscheibe. Und weil man die Enteigneten immer weniger wahrnehmen will, weil man sie sich aus dem eigenen Lebensumfeld entfernt und ausgelöscht vorstellt, bezeichnen wir sie schnell als Ausgeschlossene. Doch ihr Schicksal ist mit uns verzahnt, sie sind nur an andere Orte verbannt, verstoßen, unterworfen und sie sind unwillige Konsumenten.

Sie sind einfach Störenfriede.

Es will schon etwas bedeuten, wenn ein großer Teil der Menschen in einer hoch entwickelten Gesellschaft unaufhaltsam auf besonders angefertigte Abstellgleise gedrängt werden. Es ist schon beklemmend, dass viele dazu gebracht werden, um Arbeit zu betteln, und zwar um egal welche und egal um welchen Preis. Wir brauchen nur zu beobachten, wie sie genommen und wieder weggeworfen werden, ganz nach der Lage des wechselhaften Arbeitsmarktes, der mal schrumpft und mal sich bläht. Wir müssen uns nur ansehen, wie sie in vielen Fällen nicht mehr brauchbar sind, und wie sie, vor allem die jungen, in einer entwürdigenden Verlassenheit dahinleben und wie wir ihnen das übel nehmen. Die Festangestellten, die heute müde und zufrieden in ihr Bett fallen, haben vielleicht schon morgen die heimtückische Furcht, das diffuse Erschrecken davor, als überflüssig abgestempelt zu werden. Wir sehen, dass das System eines freien Arbeitsmarktes auf einem faulenden Fundament steht. Denn die herrschende Klasse eignet sich die besten Plätze an. Diese vertrauten Mechanismen, und die Institutionen, die in der Lage sein sollten, das Schlimmste abzumildern, halten uns in einem narkotisierten Zustand. Der Schlaf der Menschen, und die Ruhe ganzer Schichten werden durch die Lockrufe der Konsumindustrie vollbracht, die unbemerkt wirken und daher eine umso effizientere Gewalt ausüben. Doch diese Gewalt ist gar nicht mehr notwendig, da sie schon längst in unsere Gehirne einprogrammiert ist. Diese Programme wirken in uns, ohne das sie sich noch zeigen müssten. Was sich hinter dieser Ruhe verbirgt, herrscht unbemerkt weiter.

Welches Schauspiel uns gerade vorgeführt wird, sehen wir an der Umwandlung sichere Vollzeitarbeit in prekäre Beschäftigung. Und in der Politik jubelt es: in Zukunft werden Berge von Arbeitsplätze entstehen. Hinter diesem Schauspiel spielt sich wiederum ein anderes ab, man hört das Totengeläut für Millionen fester Arbeitsplätze. Doch nur wenige hören es.

Wodurch haben wir diesen Erkennungsschwund erlitten, wie sind wir zu dieser Wahrnehmungsschwäche gekommen? Was ist geschehen, dass heute ein solches Einverständnis aller mit der Ohnmacht ebenso wie mit der Macht herrscht? Alle die, die gewinnen, triumphieren über das Marktgeschehen. Für diejenigen, die nur noch verlieren, gibt es keinerlei Unterstützung mehr. Da droht etwas Schreckenerregendes. Doch wir sitzen immer noch bequem in den Stühlen, sehen das Schauspiel und denken an feine Kleider. Noch immer glauben wir, in unserer Welt der Arbeit zu leben, in ihr zu atmen, ihr zu gehorchen, oder in ihr zu beherrschen. Diese Welt existiert nicht mehr, aber für uns scheinbar, und das unter der Kontrolle einiger Kräfte, die sie auf diskrete Weise lenken und ihr Scheitern betreiben. Die alte Arbeitswelt siecht dahin, die neue ist allein einer Kaste vorbehalten. Und dann ist da noch die Horde der Arbeitssuchenden, die bleiche Heerschar der Verlierer. Manche von ihnen hoffen noch. Wie dümmlich sie sind!

Diejenigen, von denen sie sich vieles erhofften, sind nicht mehr erreichbar. Sie sind in anderen Welten beschäftigt, sie jonglieren mit Rohstoffen, Finanzwerte oder beraten feine Anzüge. Was sollen die Konzernmanager mit all den so kostspieligen Beschäftigten anfangen, für die auch noch die Sozialversicherungen gezahlt werden müssen, und die so hinderlich sind im Vergleich zu stabilen und programmierbaren Maschinen, die immer dienstbar sind und außerdem frei von Klagen und gefährlichen Wünschen?

Die Konzernvorstände beherrschen die über alle Grenzen hinweg globalisierte Welt. Und in diesem Reich, denken arme Teufel von Arbeitssuchenden noch, könnten sie einmal einen Platz finden. Es gibt nicht mehr viel Raum für sie, und dieser enge Raum wird wegen der immer knapper werdenden Arbeit noch eingeengter, obwohl die Arbeit lebensnotwendig für viele Menschen ist. Den Mächtigen der Marktwirtschaft soll es nicht stören, denn das damit verbundene Elend ist nicht in ihrem Blickfeld, sie sehen es eher als einen unliebsamen Begleiter auf ihrem Weg. Wichtig für sie sind nur Symbole der Geldmassen, jene nicht greifbaren Kapitalflüsse haben die größte Bedeutung für ihren Ehrgeiz. Diese Haltung ist, von ihrer Bühne aus betrachtet, nur vernünftig und lobenswert.

Es ist ihre Aufgabe als Konzernlenker, und ihre Verständnis von Moral, diese Welt so zu sehen. Und außerdem findet hier eine berauschende und menschliche Begeisterung für Macht und Geld ein Betätigungsfeld. Besitzer einer Jacht und eines Privatjets zu sein ist in diesem Umfeld etwas natürlich begnadetes. Sie stehen über den sozialen Regeln und müssen auf Ethik und Gefühle keine Rücksicht nehmen. Die privatwirtschaftlichen Gruppen beherrschen somit mehr und mehr die staatlichen Machtinstanzen und die Erwartungen der Menschen. Man hat uns bereits frühzeitig die Gesetze der Konkurrenz und des Wettbewerbs eingeimpft, einer Ausrichtung nach den Regeln der internationalen Wirtschaft. Hüten wir uns daher davor, nur anzudeuten, dass die Arbeit immer stärker der Spekulation und dem Nutzen weniger unterliegt. Denn man hat uns beigebracht, diese geheimnisvollen und mächtigen Regeln auch im Alltäglichen zu benutzen. Die Bedrohungen, die auf ausgemusterte und geschwächte Gruppen niedergehen, deren Widerstände man heimlich einschläfert, werden auch von handlungsfähigen Teilen der Gesellschaft schweigend gebilligt.

Die Nutzlosen sind nun einmal da, aber sie stören wie kaum andere. Richten wir unser Augenmerk mal kurz auf die brutale Gleichgültigkeit ihrer Umgebung, oder die Ablehnung der sie ausgesetzt sind. Plötzlich erschallt eine Rede über die Verringerung der Arbeitslosigkeit, über die Rückkehr zur Vollbeschäftigung als „gelungenes Ziel". Diese Art von politischer List nennt man soziale Verwerfung. Diese Scheinheiligkeit ist fast immer die Haltung der Mehrheit, und ihre Wirkung ist deshalb nicht zu bremsen. Oder verbirgt sich hinter dieser Haltung eine heimliche Angst: ich könnte in diesem Wettlauf verlieren? Und ist diese Ängstlichkeit vielleicht eine zielstrebig angewandte Strategie, die wie ein trojanisches Pferd langsam in die Gehirne eingeschleust wurde, um die Masse für den Arbeitsmarkt gefügig zu machen? Dieser halbwache Zustand ist so angenehm, damit wir über die vielen Millionen Teilzeitbeschäftigte nicht nachdenken sollen

Die Arbeitermassen und die Konsumentenmassen, auf die die Unternehmer bisher angewiesen waren und die durch Lohnforderungen etwas Druck auf sie ausüben konnten, werden für die Wirtschaft immer entbehrlicher und können sie kaum noch beeindrucken. In der Ferne gibt es jetzt bessere Absatzmärkte. Die privatwirtschaftlichen Führungsklassen haben immer agiert und andere verdrängt, haben verführt und gelockt. Denn ihre Privilegien sind nach wie vor Inhalt der Träume und Wunschvorstellungen der

Mehrheit. Auch die unteren Schichten sehnen sich nach diesen Sonderrechten, obwohl sie oft behaupten sie zu bekämpfen.

Die Anerkennung, die Position, die feinen Kleider, die Verbindungen und das Geld, ach man möchte einfach dabei sein. Wer nun zu den Blinden gehört, die sich in gefälliger Selbstsucht mit der Sicherheit ihres eigenen Arbeitsplatzes zufrieden geben und sich von der Angst angesichts der instabilen Lage und den Stellenstreichungen nicht betroffen fühlen, stellt keine Gefahr da: Er verhindert mit seiner Einstellung eine andere Verteilung der Arbeit.

Es ist schon für ein reiches Land verwunderlich, das stolz auf seine Exportüberschüsse ist, obwohl sich die Armut ausbreitet. Es trotz allem hinnimmt, dass sich die Armentafeln mehren. Es wäre auch schrecklich undankbar die Frage zu stellen, was diese munteren Exportbewegungen und die überaus erfreulich positive Außenhandelsbilanz für die Leiharbeiter mit sich bringen. Natürlich treibt es den Wirtschaftsbossen vor Stolz die Röte ins Gesicht, wenn sie – umgeben von Zahlen über fallende Personalkosten und steigende Gewinne – ihren Platz auf den höchsten Stufen einnehmen. Sie haben keine Zeit über soziale Kälte zu grübeln, wenn sie in ihren Firmenjets über Weltmeere fliegen.

Wie gehen wir nun mit der Jugend um? Die jungen Leute wissen nur, wie eine Gesellschaft funktioniert, die von der Schule als Richtschnur dargestellt wird. Sie kennen nicht die Mechanismen der Macht, doch sehen ihre Ergebnisse. Was normalerweise verborgen wird, ist vielen schon vertraut. Der Erwerb von Bildung hat etwas Strenges und Eiliges in sich. Die Schüler werden für Arbeitsplätze vorgerichtet. Die Hartz IV-Jugend lässt man am Straßenrand zurück, und diese Straßen führen auf Schrottplätze. Für die Abkömmlinge der Vermögenden wird es jedoch schöner, da für sie die Erbschaft winkt.

Aber statt die neue Generation auf ein Leben vorzubereiten, das sich nicht nur über die Lohnarbeit definiert, die für viele auch eingeschränkt ist, bemüht man sie unverdrossen darum, einen für sie schwierigen Wettkampf anzutreten, wo viele verlieren werden. Das Ergebnis wird sein, dass viele von etwas ausgeschlossen werden, das gar nicht mehr richtig existiert. Unter dem Vorwand, auf eine Zukunft vorzubereiten, die jedoch nicht vorhersehbar ist, übergeht man unverdrossen all das, was in den Lehrplänen sowieso nicht enthalten sein darf. Man hält an dem fest, was man für die Wirtschaft nötig hält. Es herrscht eher die Auffassung, dass junge Menschen nicht zielgerichtet genug ausgebildet werden, und dass sie den Unternehmen wenig Nutzen bringen.

Aber, so werden einige neoliberalen Stimmen sich melden, wozu sollen wir Leuten, die überflüssig sind, noch wirtschaftliche Kenntnisse beibringen? Ist das denn ökonomisch vernünftig? Warum soll man ihnen die Augen öffnen, damit sie ihre Situation durchschauen, stärker unter ihr leiden und sie kritisieren, wenn sie sich doch sonst so ruhig verhalten und noch fleißig konsumieren. Wir müssen endlich der Realität ins Auge schauen: Die Unternehmen stellen aus einem einfachen Grund nicht ein, weil sie die Arbeiter- und Angestelltenmassen nicht mehr brauchen.

Die Reduzierung von sicheren Arbeitsplätzen und ihre Verwandlung in bewegliche Leiharbeit wird zu einer höchst verbreiteten Mode, und zu der schönsten Form der Anpassung der Lohnabhängigen. Diese Umstrukturierungen in den Unternehmen zerstören gleichzeitig ganze Leben und lösen Familienstrukturen auf. Wie lange werden die dadurch Aufgeweckten noch so tun, als ob schliefen? Oder ist schon alles in unseren Gehirnen so fest verdrahtet, dass es keinen Einspruch und keine Aufschreie mehr gibt?

Man ertappt sich bei einem abtrünnigen Gedanken: Ist das Wachstum, dass die voraussehenden Forschungsinstitute uns melden, nicht weit davon entfernt, Arbeitsplätze zu schaffen, schafft es nicht vielmehr deren Abbau? Denn die Vermehrung der Arbeitslosen erzeugt in Wahrheit einen Mehrwert für die Unternehmen, und erhöht auch deren Gewinn. Er fehlt allerdings Lohn in den Taschen der Ausgesonderten, doch für Ersatz springt der Staat ein.

Ein neuer Botschafter betritt die Bühne, und spricht mit kalter Stimme: „Die Unwilligkeit vieler Arbeitsloser, eine gering bezahlte Arbeit anzunehmen, hängt zum Teil von den zu üppigen Hartz IV-Sätzen ab." Die Wortschlacht gegen die Ausgegrenzten wird nun lauter. Hinter der Bühne hört man: Wir brauchen eine Strategie, um die Arbeitswilligkeit der Faulpelze zu entfachen. Eine andere Stimme: Das Anreizsystem hat grobe Fehler.

In Wirklichkeit geht es aber um etwas anderes. Arbeitgebern ermöglicht es, dank der Unsicherheit die auf den Arbeitnehmern lastet, die Lohnkosten ohne Gegenwehr zu senken. Für die weniger werdende Menge an Arbeit, die noch gebraucht wird, können sie einen noch niedrigeren Preis zahlen. Und ohne Scham nebenbei noch die Schuld der Opfer hervorzuheben, die nie eifrig genug waren sich für eine Arbeit zu qualifizieren. Das bedeutet vor allem, das Menschen so ideologisch umgewandelt wurden, dass sie dem Schlimmsten nicht entgegentreten, sondern die Gnade eines Lohnes völlig betäubt erdulden.

Drittes Kapitel

Die Eliten dirigieren

Der Wettlauf wird in Kindergärten gestartet. Die Zukunft der Nachkommen muss gut vorbereitet sein. Sie erleben das Vorgefundene als immer schon vorhanden. Sie beobachten, wie Erwachsene eigene Wünsche und Interessen gegen andere rücksichtslos durchsetzen. Später eifern sie ihnen nach. So schleicht sich das Treiben ungewollt herein. In der Schulzeit begehren viele Jugendliche diffus auf. Manchen brodelt es in der Seele, bei anderen wütet es im Bauch. Sie spüren schlummerndes Neues. Doch nur das Vorgefertigte, zusammengelegt in Lehrplänen, soll sich in ihren Hirnen verankern. In ihren Köpfen werden Gleise gelegt. So wachsen sie in ein Leben, wo für wenige der Wohlstand lockt. Sie möchten ausprobieren, testen, Umwege gehen, doch überall laute und verdeckte Appelle: schneller, besser und bitte geradeaus! Irgendwann sind sie angekommen im Reich der Marktexperten und Konsumenten.

Von Heuchlern hören sie dann Aufrufe für mehr Gerechtigkeit und Rückbesinnung auf alte Werte. Doch durch den schleichenden Überlauf vieler kritischer Bürger in ökonomische Herrschaftsparteien, stabilisieren sich unsolidarische Orientierungen und Erfahrungen. In den disziplinierenden Schulen werden unsolidarische Werte in Jugendliche eingearbeitet.

Der Staat bastelt dadurch aufgerufen beständig an kleinen bildungspolitischen Reparaturen, um die Wunden einer falschen Bildung notdürftig zu verbinden. Damit junge Menschen sich jedoch später weiterhin im Arbeitsmarkt verteilen sollen, werden heilende Maßnahmen vermieden. Die Aussortierten im Schulsystem werden irgendwann mit kleinen Geldmitteln und kargen Wohnungen besänftigt. Eine effiziente Problemverarbeitung, damit Arbeitgeber weiterhin fügsame Arbeitnehmer verwerten können. Der Staat selber wird so zum Vermittler und Programmierer der züchtenden und aussaugenden Disziplinierungsformen in den Subjekten.

Eine Strategie, die zur Verhinderung der gesellschaftlichen Spaltung führt, wird jedoch im bürgerlichen Lager nicht erwogen. Die entstehende Not durch die neoliberale Organisation der Arbeit und das damit verbundene soziale Leid braucht zwangsläufig zu seiner Überwindung ein solidarisches wirtschaftliches Modell: Eine gleiche Verteilung der verfügbaren Erwerbsarbeit auf möglichst alle Lohnabhängige, statt die menschenfeindlichen Methoden der Arbeitgeber machtlos hinzunehmen. Die unsozialen Pläne, in denen ständig Vollzeitbeschäftigte in Zeitarbeiter und Leiharbeiter umgebaut, sowie wertlos gewordene Arbeitskräfte rücksichtslos ausgeworfen werden, müssen vernichtet werden.

Doch jetzt, wo die ganze bürgerliche Leistungsgesinnung entblößt vor uns steht, ist es mit Überpinseln oder auch mit Repressalien auf die Arbeitslosen nicht mehr getan. Denn eines ist klar, Arbeitgeber haben kein Interesse mehr an den vielen Ausgesonderten, sie setzen eher auf qualifizierte Angepasste, die sie mit Belohnungen an ihre Maschinen und Schreibtische locken, um effizient Güter herzustellen. Es ist ihnen völlig gleichgültig, ob Geschundene am Wegrand zurück bleiben, denn der nächste Firmenwagen ist bestellt, um die privaten Tore zu schmücken. Politiker stützen gerne diese Vorhaben, denn sie sind Diener der Mächtigen.

Auch mit moralischen Forderungen an die stärkeren gesellschaftlichen Gruppen sind diese Entwicklungen nicht aufzuhalten. Es geht um zu Großes, um Positionen, um herausragendes Ansehen und auserlesenen Konsum. Eine Grundvoraussetzung des Erfolgs von neuen Wegen in der Verteilung der Arbeit ist somit immer damit verbunden, dass die jeweils mächtigere Ebene in der Hierarchie gesellschaftlicher Gruppen ihre wichtigsten Interessen nicht verletzt wähnen. Kann die Wirklichkeit an die Klasse der gut belohnten und privilegierten Vollzeitbeschäftigten einen Denkanstoß geben, dass sie einen Teil ihrer Arbeit an schwächere Gruppen übergeben, ohne an Einfluss zu verlieren?

Vereinzelt gibt es schon Menschen aus dem Hochlohnsektor, die das Kampffeld um Laufbahnen entnervt verlassen, keine Firmen- und Karrierearbeit mehr zelebrieren wollen. Wenn das monatliche Einkommens mehrere Tausend EURO beträgt, so ist doch auch damit ein würdiges Leben möglich. Die zweite Voraussetzung wäre, dass die jeweiligen starken Gruppen überhaupt noch ein Interesse an den Schwächeren haben. Doch die besteht leider nur, wenn die unteren Massen einen Beitrag zur Reproduktion der bestehenden Machtverhältnisse leisten. Gefügig konsumieren ist der edelste Beitrag für die Stärkung der Wirtschaftselite.

Wie können Menschen einer Auskopplung aus dem Erwerbssystem und ein Aussortieren aus ihrer vorhergehenden Laufbahn entgehen? Durch die aussterbende Industriearbeit sind Millionen Arbeiter überflüssig geworden, sie können nicht alle in Billigjobs und in der Leiharbeit-Branche untergebracht werden. Das aufkommende gesellschaftliche Drama, das schon jetzt wie eine dunkle Wolke am Horizont heraufsteigt, braucht eine kritikfähige kraftvolle Politik, die nicht von den Konzernmanagern an der Leine geführt wird. Denn die derzeitige Verteilung der Arbeit lässt vor allem ein Bild der Gesellschaft hervorstechen: Die Organisation der Arbeit sind Verhältnisse von Herrschaft und Beugung, in denen Politiker eingebunden sind. Sie werden sich nicht aus diesen Herrschaftsverhältnissen lösen wollen, um wieder glaubwürdig zu sein, denn dann sind ihre nährenden Privilegien in Gefahr.

Sämtliche individuellen Machtkalküle bewegen sich in einem wirtschaftlichen Stahlkorsett und einem zerfallendem sozialen Raum. Die Kosten für den Ausbildungssektor sind öffentliche Investitionen. Doch die Menge als auch die Verteilung der höheren Bildungsabschlüsse sind wirtschaftlichen Interessen unterworfen, wodurch eben Anreizsysteme der Privatwirtschaft individuelle Lebensentwürfe beherrschen.

Wie würde sich das Umdenken des Staates als Einkommensverteiler und als Anbieter von Staatspositionen auswirken? Er übernähme so die Rolle des Vorreiters, wenn eine andere Verteilung der Entlohnung für seine Getreuen in Angriff genommen würde. Kostenneutral könnte die Arbeit im staatlichen Dienst auf mehr Schultern verteilt werden. Für Lehrerehepaare böte sich ein Job-Sharing an. Doch weshalb streben so viele Menschen eine Vollzeitbeschäftigung an, wenn sie auch mit einem Teil ihres Einkommens vorzüglich Leben könnten? Sie schmachten im Beruf nach einer lang ersehnten Karriere und Anerkennung.

Übrigens ist die Vollzeitbeschäftigung in unserer Gesellschaft eine männliche Domäne, während Frauen im größeren Umfang Teilzeit arbeiten dürfen. Der Frauenanteil an der Vollzeitbeschäftigung liegt bei lediglich 30 Prozent, mit abnehmender Tendenz. Dies bedeutet, dass durch Machtverhältnisse mehr Frauen in prekäre Arbeitsverhältnisse gedrängt werden als Männer. Infolge dieser Entwicklungen leiden vor allem Männer erheblich unter selbst verordneten Zeitmangel, an zu wenig Freizeit, das auch zu psychisch-sozialen Krankheiten führt. Gleichzeitig leiden andere, insbesondere Arbeitslose, häufig an einem zu viel an Zeit, die leere und tote Zeit bleibt. Sie kann nicht sinnvoll gefüllt werden, da sie aus dem disziplinierenden Anerkennungsmuster heraus fällt, das überwiegend durch eine hohe Beteiligung an Erwerbsarbeit definiert wird. Die Auseinandersetzung um die gerechte Verteilung von Zeit für Berufsarbeit oder für Familienarbeit haben die meisten Frauen verloren.

Immer wenn es um Verteilungen geht, geht es auch um Macht. Solange Menschen in unserer Gesellschaft in alte geliebte Herrschaftspfade vor sich hin trotten oder auf ihnen kämpfen, solange wird es keine Entmachtung der Eliten und ihren Dienern geben. Was können wir tun, damit Dressierte ihre geliebten Pfade verlassen?

Wir müssen die Fratze der Machtverhältnisse, die sich im Schulwesen noch verhüllt, doch im Arbeitsleben schon unmaskierter zeigt, wahrnehmen. Junge Menschen werden durch Benotungen verurteilt, dadurch werden manche auf Unis und manche auf Abstellgleise geschoben, um sie später auf vorbestimmte Plätze zu drücken. Dieses Ausmaß von erdrückender Gewalt wird von den vergesellschafteten Jugendlichen selbst unbewusst verinnerlicht und reproduziert. Sie nehmen nicht wahr, was sie später einmal anrichten werden. Die gegenwärtigen Machtverhältnisse reproduzieren sich fortlaufend über die Vererbung von Besitztum und die Weitergabe ihrer Leitgedanken. Eine andere Verteilung der Arbeit wäre ein Loslassen von der Macht, und ein Ansehensverlust der Eliten. Der sichtbarste Kristallisationspunkt eines zukünftigen Machtabbaus wäre der Umbau unseres Bildungssystems. Hier würde es sich zeigen, ob Hauptschulen weiterhin ein Auffangbecken für die Unangepassten und späteren Nutzlosen bleiben sollen, die dort nicht gefördert werden dürfen, um sie später mit Leiharbeit abspeisen zu können.

Eltern von gut angepassten Schülern bangen um den geplanten Lebensablauf ihrer Kinder, wenn plötzlich unbegabte SchülerInnen an ihren Nebentischen sich ausbreiten. Dieser Verdrängungseffekt im Schulwesen, der mit ausgefeilten Bildungsstrategien verbunden wird, ist im Grunde ein Konkurrenzkampf zwischen den sozialen Klassen. Ein Kampf zwischen abstiegsbedrohten, aufstrebenden und weit abgeschlagenen Milieus, der mit Kindern und Jugendlichen als Instrumente ausgetragen wird. Es ist eine Jagd mit ungleichen Kampfmitteln. Denn das Durchhalten der Optimierungsstrategie gelingt erwartungsgemäß den Kindern, deren Eltern über ein hohes Vermögen und kulturelles Kapital verfügen, die sich am ehesten auf die schulischen Kampfregeln einstellen können oder die Nachhilfe an Nachmittagen für selbstverständlich halten. Familien bewahren ängstlich so ihre privilegierte Position, in dem sie kulturelles Kapital in ihre Kinder investieren. Sie sorgen vom Laufstall bis zum Master dafür, dass ihr Nachwuchs die für die Erhaltung des sozialen Status notwendigen Zeugnisse erwirbt. Trotz der deutlichen Steigerung der Bildungsbeteiligung der benachteiligten Gruppen verbleiben diese auf den unteren Plätzen, während Unternehmer, leitende Angestellte und hohe Beamte ihre ohnehin gute Spitzenposition weiter ausbauen wollen und können.

Gemeinsames Lernen wäre für alle Jugendlichen die schönste und froheste Erfahrung, jedoch wird sie von interessierter Seite mit allen Mitteln verhindert. Ähnlich ist es im Erwerbssystem, auch hier werden früh genug die Nichtqualifizierten in den Niedriglohnsektor geschoben, damit sie nicht als Störenfriede in höheren Lohnsektoren mit-begehren. Denn auf keinen Fall dürfen zu viele Menschen durch niederreißen von Umzäunungen gefördert werden, weder im Schulwesen, noch im Berufssystem. Als Qualifizierte könnten sie ja später um höhere Einkommen mit-eifern. Hohe Einkommen sind nur für besondere Menschen vorgesehen, auch wenn sie es für ihren Lebensunterhalt nicht benötigen. Für Mitmenschen symbolisiert es jedoch das Herausragende, und man kann sich zeigen mit feinem Tuch und motorisiertem Lack.

Der Verfall dieser Gesellschaft wird nur sehr schwer aufzuhalten sein, da viele das Allernötigste bei Aldi kaufen, und andere denken über neue Bereicherungsmöglichkeiten nach. Weshalb versperrt man vielen jungen Menschen systematisch den Berufseinstieg, wodurch sie sich qualifizieren könnten? Die Alten haben panische Angst vor dem Ansehensverlust durch das Ende ihres Berufslebens. Deshalb zertreten sie lieber bei vielen jungen Menschen die Lebensentwürfe, statt sich zurücknehmen für mehr eigene Zeit. Die Angst vor dem Ansehensverlust, die Versagensangst, der strafende Blick der frühen Eltern, ist so tief verankert, dass sich viele bis ins hohe Alter in ihre Firmen oder vor Fernsehkameras schleppen. Was hat die berufliche Strenge in ihnen bewirkt?

Tatsächlich ist schulische Ausbildung ein Produzent einseitiger Lebensplanung geworden, der nur die Aufstiege, die angestrebten beruflichen Orte, oder einen Status berechnet.

Welches Amt oder welchen sozialen Ort könnte ich noch erklimmen: Ist der geheime innere Wunsch.

Die formale, allein an Abschlüsse orientierte Ausbildung hat zunächst übersehen lassen, welches Muster an Bildung da entstanden ist. Denn erhöhte Ausbildung geht nicht immer mit erhöhtem Grad von Bildung einher. Stattdessen ist die Befürchtung nahe, dass Wissen forciert unter instrumentalistischen Gesichtspunkten aufgenommen und verwendet wird. Man hat es dann mit einer Bildung zu tun, die nur auf wirtschaftliche Verwertbarkeit ausgerichtet ist, auf komfortablen Konsum und auf Aufstiege hinausläuft. Die Schul- und Bildungsabschlüsse dienen nur als Werkzeuge den Menschen, die ihre Selbstdurchsetzung mit all ihren sozial zerstörerischen Potentialen huldigen möchten. Je enger also die Menschen an erstrebten Symbolen als Prothesen für ihre bedürftige Statusposition kleben, desto schmerzhafter muss sich auch das Wissen darüber auswirken, wenn eigene Ziele nicht erreichbar sind, oder sich verflüchtigen. Die Folgen können unterschiedlich sein, und werden auch verschieden verarbeitet. Je höher die Identifikation mit ökonomischen Werten, wie Vorteile erhaschen oder Gewinner sein, sind, desto mehr sterben Werte wie Solidarität und Rücksichtnahme langsam ab. Lebensentwürfe rangen sich nur noch um lackierte Prothesen, die das sozial erwünschte Ansehen stützen sollen. Diese Lebensformen sind in unserer Gesellschaft vorherrschend, und die Keimlinge werden in den Familien gesetzt: Meine Lebensstrategie soll im Nachwuchs zur Blüte kommen!

Das Gehabe, die eigene Aufnahme in die begehrte Gesellschaftsschicht zu sichern, auch wenn andere Menschen dadurch verstummt am Wegrand liegen bleiben, genießt hohes Ansehen.

Diese rücksichtslose Bearbeitungsform wird natürlich auch gegen Migranten eingesetzt, denn sie dienen vorzüglich als Sündenböcke, mehr noch wie Alg. II-Empfänger, wenn eigene begehrte Wünsche und Ziele einem verwehrt werden. Gerade in Zeiten der vollständigen Verökonomisierung des privaten Alltags und des Denkens, sowie die alles überwuchernde Konkurrenz, führt dazu, den eigenen Status als Besitzstand zu verteidigen. Die Abwertung schwacher Gruppen ist bei Personen stärker ausgeprägt, die hohe Abstiegsängste aufweisen. Angst vor sozialem Abstieg verspürt heute die Hälfte aller Bürger. Also nicht nur in den unteren, sondern auch in mittleren Milieus, mithin bei jenen, die viel zu verlieren haben. Es zeigt sich, dass durch solche Abstiegsbedrohungen sich Menschen immer verfeindeter gegenüberstehen. Wie viel Angst ist in dem Anhäufen von Besitz enthalten? In einer unsicheren Soziallage wird sich eine andere Verteilung der Arbeit nicht durchsetzen können. Die Politik wird das Bollwerk der Etablierten, das durch Kapital errichtet wurde, nicht niederreißen. Unsere Gesellschaft ist ein Beziehungsgefüge von unversöhnlichen Partikularinteressen. Hier entsteht grobes Handeln durch verführte oder abgewiesene Menschen.

Nicht Integrationskonferenzen sind gefragt, sondern an den Orten der Sozialisation von Heranwachsenden muss Rücksichtnahme und Gemeinsamkeit gelebt werden, damit sich wieder Keime der Solidarität in der Arbeitswelt entwickeln.

Der handelnde Mensch glaubt, wenn sich Probleme seinen Lebensplänen entgegenstellen, sie individuell lösen zu müssen. Er erkennt nicht die gedankliche Isolierung des Problems aus einen umfassenderen Zusammenhang. Er verkennt den Raum, in dem er sich befindet. Es ist dümmlich es individuell zu lösen, da es in geballter Form als in gesellschaftliches Verstecktes wiederkehrt.

Die politischen Manager und Konzernlenker sind stark verschraubt mit den Herrschaftsinteressen der Geldelite, und werden auch weiterhin versuchen ihre Programme als sozialen Fortschritt zu verkaufen. Wenn eine soziale Verelendung breiter Bevölkerungsschichten verhindert werden soll, muss eine andere Verteilung der Arbeit in Angriff genommen werden. Politiker dürfen nicht nur vorgefertigte Reden fürs Wahlvolk halten, oder sich hinter ökonomischen Entwicklungen verstecken, deren Dynamik sie nicht kontrollieren können. Sie müssen erkennen, dass sie die Steigbügelhalter dieser profitorientierten Wirtschaft sind, und die ohne die sozialstaatlichen Reparaturen ihres angerichteten Schadens nicht überleben könnte.

Entfesselte finanzielle Kräfte haben sich marktkonforme Subjekte herausgesucht, die sich in der Wirtschaft erfreuen.

Wenn alle Bürger die Herstellung des Hochlohnsektors oder die massive Steigerung der Leiharbeit als sichtbare Macht von Herrschaftsverhältnissen entschlüsseln würden, dann könnte endlich über diese verschleierten Gewaltverhältnisse in der Arbeitswelt offen gesprochen werden. Gerade die Unsichtbarkeit der Macht des Gegenübers im Räderwerk erschwert die Wahrnehmung, und lässt das Elend der Ausgekoppelten akzeptieren. Es muss wahrgenommen werden, dass Fügsamkeit immer mehr unbemerkt die Menschen ergreift. Unsere Profitwirtschaft entpuppt sich nun als ein Trainingsprogramm für dienende Marktsubjekte. Dieses Wirtschaftssystem ist allerdings kein Naturereignis, kein entleertes Monster, kein Sachzwang, das einzig seinen eigenen Gesetzen gehorcht. Wer tut, als ob dies so sei, verschleiert, dass es Nutznießer dieser Formung gibt, die dieses System genießen und bejahend in ihren Villen vorantreiben. Der Genießer erfährt Bedeutung, er formt sich und erfreut sich in diesen Gewaltverhältnissen. Doch die Ausgekoppelten spüren ihr Elend nicht nur in ihren leeren Geldbörsen, sondern auch in den Blicken der Bessergestellten.

Die willigen Diener, die sich auf diesen Wellen treiben lassen, sind Mittäter des langsam auf uns zu kommenden Dramas.

Ich möchte doch dazu gehören, ich blicke in Spiegel die mich anleiten wie ich sein möchte. Ich konsumiere einen Mittelklassewagen, endlich gehöre ich zu euch angesehenen Bürgern.

Viertes Kapitel

Das System der Züchtigung

Es ordnet die gesellschaftlichen Verhältnissen vor, gibt an was geschehen und wie gehandelt werden soll. So erwächst die öffentliche Meinung zu einer mächtigen Führungsfigur. Sie erschließt keine neuen Horizonte, und bewegt sich innerhalb von Denkleitplanken. Auch das, was in sozialen Situationen thematisiert wird, über das reflektiert werden könnte, ist damit schon in glatte Kanäle eingebettet. So gewinnt das Alltagsbewusstsein im sozialen Großraum eine wirkende Vordenkerrolle und Gleichgültigkeit gegenüber einer Fülle von sozialen Einschränkungen. Denkmuster sichern das Vertraute, und – das ist für Menschen von besonderer Bedeutung – es sichert die Orientierung der Masse in unsicheren Zeiten, es verbürgt Entlastung. Notwendig ist es zum Beispiel bei Autofahrten zum Arbeitsplatz oder ins Vergnügen. In diesem Feld erzeugt das Vertraute große Ignoranz gegenüber hunderttausenden Unfälle jährlich mit grausigen Folgen, die es wiederum am Leben erhält. Das Alltagsbewusstsein entscheidet darüber, ob ein zukünftiges unheilvolles Ereignis zum Thema, also bewusst verarbeitet werden kann, oder durch Verdrängung, Nichtzulassung der Wahrnehmung des Erlebnisses im Vorfeld abgewehrt werden muss. Die Nichtwahrnehmung und die Abwehr entlastet vorrangig, damit der alltägliche Wahnsinn auf vielen sozialen Ebenen, das alltägliche dümmliche Tun und Treiben ungestört sich vollziehen kann. Man sieht es an den gefüllten Autobahnen an Sonntagen trotz Klimaschäden; an den Diskriminierungen der Lohnsklaven trotz zu geringem Niedriglohn. Dieses schablonenhafte Verhalten setzt sich also auch gegenüber ihr offen widersprechende Information durch.

Die vorgegebenen Handlungsmöglichkeiten erscheinen als völlig natürlich, weil wir uns auf sie eingerichtet haben.

Wann immer Zweifel in mir entstehen, ich weiß, mein Gegenüber würde mich belächeln, wenn ich sie aussprächе. Oh ja, ich kann schweigen, über mich selbst grinsen und die Achseln zucken, oder allmählich bedenklich mit der Stirn runzeln. Doch das konforme öffentliche Denkmuster in mir ist streng und konservativ, und will Veränderungen nicht zulassen. Es versucht daher das Bekannte zu bewahren, bei dem Vertrauten bleiben. Welches vorgefertigte Bild machen wir uns von unserer Gesellschaft? Wie und von welchen Elitegruppen wird dieses Bild gepinselt?

Das öffentliche Meinungsmuster hat Strategien, wie Menschen in Krisenfällen – Verunsicherung, Bedrohung, Konfliktfälle – ihre Alltagswelt regeln. Es behauptet sich durch Wiederholung von Abwehrregeln. Diese Abwehrregel ist ein Schutzmechanismus, mit dessen Hilfe frühkindliche Wunschbilder oder stereotype Vorstellungen, wie der Gute, der Allmächtige, gegen Ängste und bedrohliche Themen aufrechterhalten werden. Den wiederholenden Gebrauch von früh sozialisierten Abwehrmustern angesichts neuer und fremder sozialer Situationen benennt man mit dem Begriff Übertragung. Sie tritt an die Stelle richtiger Wahrnehmung, da die Realität nicht erkannt werden soll.

Übertragung ist das Erleben von Gefühlen und Haltungen, die eine Abwehr gegenüber Personen in der Gegenwart hervorruft, die zu diesen gar nicht passen, sondern die eine Wiederholung von Reaktionen sind, welche ihren Ursprung in der Beziehung zu wichtigen Personen der frühen Kindheit hatten und eben unbewusst auf Objekte der Gegenwart projiziert werden.

Der klassische Begriff der Übertragung kommt aus der Psychoanalyse. Um die Bedeutung der Übertragung in Alltagssituationen erfassen zu können, muss sie auch auf Gruppen erweitert werden. Die Furcht unseren Status einzubüßen, zwingt uns zu einem Bündnis mit den Herrschenden. In dieses Bündnis kriecht die Masse geblendet ein, es wird zur einer Zuchtanstalt. Wer allerdings diese rituelle Züchtigung verlassen will, wird von der Öffentlichkeit als Bedrohung empfunden und gebrandmarkt.

Ein Beispiel aus dem Alltagserleben: Menschen sind von Arbeitslosigkeit bedroht, statt gemeinsam die Ursachen, z.B. die Reduzierung der Personalkosten von Unternehmern, durch solidarisches Handeln zu begegnen, igeln sie sich getrennt ein, und erhöhen die Umzäunung um ihren Besitz. Durch dieses Verhalten können Unternehmer gut Ausgebildete in ihren Hochlohnsektor locken, und weniger Nützliche aus ihren Toren drängen. Zwei Gruppen stehen sich nun im Kampf um Arbeit mitleidlos gegenüber. Die Drohgebärden der Arbeitgeber erhöhen das Übertragungsgeschehen, und die Geängstigten ringen blind um ihre Förmchen.

In diesem ödipalen Vorgang lebt ein Bewusstseinsmodus wieder auf, der der narzisstischen Stufe der Entwicklung zugerechnet werden kann. Besonders konflikthafte Kindheitserlebnisse fördern individuelle Abwehrformen, indem später im wetteifernden Berufsleben Besitz und hohe Gehälter angehäuft werden.

Die utilitaristische Praxis ist die fest verankerte Verfahrensstrategie des Alltagsbewusstseins. Das kämpferische Denken und Handeln macht sich wesentlich in den Lebensbereichen Beruf und des Konsumierens bemerkbar. Die Menschen erleben ihre Umwelt nur in ihrer praktischen Benutzbarkeit. Das Manipulieren wird zum Endzweck. Sie geben auf, sie selbst zu sein, und übernehmen die ihnen zugedachte Rolle, die sich in Form einer einprogrammierten Schablone darbietet und aufgrund dieser sie nun Eintritt in die ersehnte Konsumentenschicht haben.

Die Medienkonzerne mit ihren neue digitale Werkzeugen sorgen hilfsbereit für eine Übereinstimmung in der Auswahl der Schablonen. Sie umgehen kritische Themen, die das Wohl wichtiger Schichten gefährden könnte. Sie zementieren vorsorglich das öffentliche Bewusstsein, indem Ressentiments und kindliche Abwehr geweckt werden.

Ein zweites Beispiel: Subventionen des Staates für die Autoindustrie sind beliebt und wünschenswert, doch die sozialen Ausgaben für Hartz IV-Empfänger werden als Plünderung des Staatssäckels verurteilt. Gleich: Der Vater soll die Gaben verteilen, doch Schwächlinge sollen ihr Brot mit ihren Händen erarbeiten.

Die Arbeitsweise der Denkschablonen funktionieren nur unter den Bedingungen eingeschränkter Autonomie. Innerhalb des nur zugelassenen Denkens werden alternative Möglichkeiten verhindert. Die Ursachen der Arbeitslosigkeit werden radikal eingeebnet, einfach aus dem Horizont herausgenommen. Denn wenn die Produktivität in einer Volkswirtschaft ständig steigt, dann muss die Arbeitszeit der Vollzeitbeschäftigten entsprechend gemindert werden. Das bedeutet, wenn zwanzig Prozent der Erwerbsbevölkerung ohne Arbeit oder gering beschäftigt ist, dann ist die Arbeitszeit der Übrigen zu hoch. Da nun viele Vollzeitbeschäftigte ihren Platz bedroht sehen, tritt eine konfliktabwehrende Funktion ein, die Arbeitslose als Sündenböcke bezeichnet. Der Nährboden für Feindbilder ist gelegt, und mit Zeitschriften und Fernsehauftritte versuchen herrschende Ökonomen und Manager den Boden gut zu düngen. Ihre Gärtner hantieren mit feinen Sieben schon in den Grundschulen. Kinder aus bildungsfernen Familien werden dort unbeachtet der Hauptschule zugeführt, damit sie später nicht der Mittelschicht Positionen streitig machen können. Jedes Hauptschulkind enthüllt die Machtverhältnisse in unserem Bildungssystem. Jeder Langzeitarbeitslose enthüllt das Versagen einer sozialen

Gesellschaftsordnung. Wie entsteht diese Unbekümmertheit in weiten Teilen der Gesellschaft? Kein Klagen, kein Aufschrei in den Straßen und Gazetten, nur heimliche Tränen oder Freude, wenn man sich auf Arbeitsmärkten trifft. Die einen auf dem FAZ-Stellen-Markt, die anderen in den Jobcentern der Arbeitsagenturen. Jobcenter sind die Geschwüre einer kranken Arbeitsmarktpolitik, wie eines Siechenhauses. Hier werden die früh Ausgesiebten in den Krater der Armut abgedrängt.

Welche Regeln und Strategien benutzen die Protagonisten, um ein aktuelles Drama unbedeutend zu machen, es zu banalisieren? Die Herstellung von Denkmustern vollzieht sich in routinemäßigen Alltagssituationen, die sich durch ständige Wiederholung eingeübt und eingeschliffen bewährt haben. Der Einfluss der Erziehungs-agenturen Familie und Schule lässt sich an den Einschränkungen des Horizonts gegenüber wichtigen sozialen Situationen ablesen, der über die Zulassung eines Themas entscheidet. Das Alltagsbe-wusstsein ist Resultat von Ängsten und Züchtigung. Werden wir mit neuen sozialen Situationen konfrontiert, ist die Übertragung die gängige Form der Verarbeitung, die ihrerseits Auslösefunktion haben und auch Übertragungsangebote machen.

Vergangene bedrohliche Erfahrungen, die auch verdrängt wur-den, gehören zu den Werkzeugen abwehrender Antworten, mit de-nen sich Menschen vor furchterregende Sachverhalte zu schützen suchen. Sie übertragen somit frühere Angstbewältigungsstrategien auf neue soziale Situationen. Das Bedrohlichste ist die Angst vor dem Verlust des Ansehens, die Niederlage des Selbstwertgefühls.

Weshalb schützen sich Arbeitsplatzbesitzer auf Kosten der machtlosen Arbeitslosen? Die Bedrohung hat die Oberaufsicht im Alltagsleben. Nicht mehr die solidarische Kultur ist die entschei-dende integrierende Kraft, sondern die vorgefertigten Wettkampf-muster, die die Bevölkerungsmassen von ihrem Alltag haben sollen. Trotz der vielen Studien über die gesellschaftlichen Spaltungen, die kleine Diskussionen angefacht haben, werden Änderungen nur vorgegaukelt. Die Brut der Armen versammelt sich weiterhin nach einer Auslese in Hauptschulen, und der Nachwuchs der bürgerlichen Mitte in den Gymnasien. Das Vorgefertigte wird offen in das Alltagsbewusstsein transportiert, und löst dort Altes aus. Die Angst Statussymbole oder eine geerbte Position zu verlieren ist der Dünger einer schleichenden Passivität.

Nun müssen andere Schauspieler auf die Bühne gebracht werden, um die Bedrohung zu lindern: Jobcenter in den Kommunen, Qualifizierungsmaßnahmen erweitern, und die Zahl der Aufstocker erhöhen. Harmonische Symbole wird dem gemeinen Publikum geboten. Keine Regung beim Anblick von Arbeitslosen, nur das Pochen auf den Lohn der eigenen Leistung, auch wenn sie vom Elternhaus perfekt vorbereitet wurde.

Obwohl ein großer Teil aller Erwerbstätigen vom Arbeitsplatzverlust bedroht ist, entsteht kein gemeinsames Handeln. Keine verbindende Übereinkunft, wie eine graue beängstigende Zukunft für viele abgewendet werden könnte.

Jeder zieht sich auf seine private Parzelle zurück, bis auch diese bröckelt. Die politische Beruhigungskultur leistet hervorragende Arbeit. Denn Arbeitgeber haben kein Interesse an Arbeitslose, nur an gut und günstig ausgebildete Angepasste.

Die politischen Debatten drehen sich fast nie um die Ausgesonderten und ihre Probleme. Manchmal gibt es doch Verbesserungsvorschläge im Angebot. Mehr Druck auf Arbeitslose ausüben steht oben an. Viele Vorschläge zielen vor allem auf die Wählerstimmen der qualifizierten und motivierten Arbeitnehmer der Mittelschicht, die gerne zur Wahlurne eilen. Auch die Massenmedien leisten hier gute Arbeit, indem sie die Mehrheit der beherrschten Marktsubjekte zur Übernahme der Verhaltensregeln der herrschenden Gruppen anleitet. Die wohlgestalteten Erwartungen der herrschenden Minderheit sind somit von der beherrschten Mehrheit als ihre eigenen Erwartungen verinnerlicht worden. Produziert werden sie in den Umschlagplätzen der Agenturen Familie, Schule und Berufsleben. Dort für immer eingelagert ins Alltagsbewusstsein.

Kommt es nun im Leben zur Bedrohung des Selbstwertgefühls tritt automatisch die verinnerlichte Abwehr ein, die Realität wird umgedeutet. Zur Kompensation kauft Mensch ein Mittelklassewagen. Hier wird deutlich, dass die geschilderte Umdeutung sich nicht nur auf einzelne Beziehungen, sondern gleichermaßen auf Schichten und gesellschaftliche Gruppierungen überhaupt richten.

Dieser Prozess wird mit politischen Debatten gestärkt, denn Menschen sind der Rohstoff, den es mit gefeilten Zuchtplänen zu formen gilt. Sie liefern dazu die Szenen und die Figuren, ich erkenne mich nun endlich. Auch das Fernseherleben stiftet mir Identität. Es hilft das Volk zu teilen in Leistungsträger und in hinderliche Arbeitslose, in Macher und Versager. Dort soll ich mich einordnen.

Und zwischendurch die ewige Wiederholung der Werbung für neue Automodelle. Sie wirkt auf unser Gehirn, sie soll kritische Gedanken löschen und Kaufimpulse in der passiven Fernsehgesellschaft auslösen. Werbung dringt tief in unsere Räume vor, soll unser Denken eine Richtung geben. Die Bilder sind schon längst nicht mehr auf den Bildschirmen, sondern bewegen sich in unseren Hirnen. Werbung ist ein Instrument der ökonomischen Mächtigen. Die funktionierenden Diener haben hervorragende Arbeit geleistet.

Fünftes Kapitel

Die Produzenten von Egoismus

Ausbildung ist etwas Gutes, und sie steht hoch im Kurs beim Publikum. Wie Laborratten will man Schülerinnen und Schüler einen Stimulus geben. Selbst Kindergärten bekommen heute einen Bildungsauftrag. Wem es gelingt, sein Projekt mit einem Bildungsetikett zu versehen, der darf auf satte Gewinne hoffen. So geschieht es seit vielen Jahren mit besonderen Lehrzielen in Schulen, denn dort soll Saatgut eingebracht werden. Das Denken und Handeln der jungen Menschen muss sich reibungslos und effizient in unser Wirtschaftssystem einfügen.

Den Gärtnern der Kapitalisten wird die Tür zur Umgestaltung des Lehrbereichs von Politikern weit geöffnet, um auch diesen Raum sowohl ideologisch als auch marktfertig zu ihren Gunsten umzugestalten. Junge Menschen müssen frühzeitig auf ein Konsumentenleben vorbereitet werden. Das sind die Investitionsprogramme der Zukunft, denn Jugendliche sollen mehr ökonomische Kompetenz erreichen, um das System später zu akzeptieren.

Die neoliberale Ökonomie muss sich in alle Lebensbereiche einnisten. Ein guter Ort sind eben die Köpfe der Schüler. Die Kampagne drittmittelgeschmierter Institute hat schon eindrucksvolle Erfolge verbuchen können: Wo früher Gemeinschaftskunde auf dem Stundenplan stand, da findet sich heute vielerorts "BWL und Medienkompetenz". Das Wissen wird gerne auch von einigen DAX-Konzernen bereitgestellt. Die deutschen Arbeitgeberverbände der Industrie und Versicherungswirtschaft versorgen Lehrer mit Unterrichtsmaterial. Mehrere Banken möchten gleich die eigenen

Angestellten in die Schulen senden. Die Chancen für einen Empfang mit offenen Armen in den Schulen stehen gut. Für die Rettung von Banken in der Finanzkrise hat sich der Staat gern verschuldet. Für Lehrerbildung, geschweige denn für Lehrerstellen ist nun kein Geld mehr übrig. Wenn jetzt der schlaue Bankberater als Einflüsterer die Vorteile kapitalgedeckter Versicherungen gegenüber dem altmodischen Solidarsystem erklärt, so nennt sich das "bürgerschaftliches Engagement". Doch solche kostenfreien Angebote müssen wir hinterfragen, denn kein Unternehmen macht etwas umsonst. Zum Marketinggrundwissen gehört zudem, dass man zuerst ein Bedürfnis herstellen muss, um sich später als Anbieter dafür zu präsentieren. Das ist auch der offen ausgesprochene Plan der Konsumwirtschaft. Aufgrund der ökonomischen Unbildung vieler Kunden verlaufen oft Verkaufsgespräche zunehmend schwierig. Am besten man setzt an der Wurzel des Übels an, um hier Abhilfe zu schaffen. Schulen als Zulieferbetriebe für die Unternehmen, das sind Investitionen für die Zukunft. Denn tatsächlich ist es um diese Investition in Deutschland nicht besonders gut bestellt. Wir sind noch nicht alle gute und willige Konsumenten, wir müssen noch lernen mehr wegzuwerfen.

Schulen brauchen keine Einflüsterer. Schon gar nicht solche, die aus Industrie und Handel kommen. Medienkompetenz ist für junge Menschen zwar notwendig, jedoch benötigen sie politische Bildung für eine kritische Betrachtung ihres Umfeldes unbedingt. Nur das befähigt sie zu unabhängigen Denken und Handeln, damit sie nicht ein Produkt der Wirtschaftsbosse werden.

Die deutsche Wirtschaftselite will mit ihrem Einfluss erreichen, dass von ihr abweichende Motive und abweichende Konsumkulturen der Boden entzogen wird. Unabhängige Persönlichkeitsbildung und die Vermittlung von solidarischen Werten werden somit aus dem Lehrplan gestrichen. Menschen werden enteignet und unter systemkonforme wirtschaftliche Kontrolle gebracht. Das ist ein Segen für börsennotierten Konzerne, denn dadurch gehen die ökonomischen Projekte der Konzernmanager nahtloser auf.

Der Selbstlenkung steht den künftigen Konsumenten eine Abhängigkeit von Konsumneigungen gegenüber, die vorzüglich von Konzernen gelenkt werden, die sich den individuellen Bedürfnissen völlig entziehen. Individualistische Konsumwünsche erweisen sich bei näherem Hinsehen als Übernahme ökonomisch vorgefertigter Verhaltensschablonen. Gefragt ist der freudige und flexible Konsument. Schablonen werden bei frühkindlichen Aneignungsversuchen einfach gereicht und übernommen. Da wächst kein soziales Band, sondern eher Egoismus. Manche setzen ja darauf, dass Solidarität wieder von unten entsteht. Früher ließ Not die Menschen näher zusammenrücken. Doch diese Hoffnung wird sich nicht erfüllen. Bei einem abbröckelndem Wohlstandniveau, stagnierenden Realeinkommen und prekärer Beschäftigung bei der unteren Hälfte der Gesellschaft werden die sozialen Verteilungskämpfe immer härter und jede Solidarisierung abgetötet.

Hohe Arbeitslosigkeit sichert zudem eine scharfe Konkurrenz auf dem Arbeitsmarkt, und damit die Macht der Arbeitgeber bei Lohnverhandlungen. Auch die Sozialausgaben des Staates müssen für steigende Militärausgaben eingedämmt werden. Die Sozialausgaben leiden an der Schonung der Konzerne. Bewundernswert ist nun das harmonische Zusammenwirken der Medien. Sie dokumentieren die Notwendigkeit, um des nackten Überlebens des Sozialstaats willen, ihn Schicht für Schicht abzutragen. Der aktivierende Sozialstaat müsse sich auf seine Kernaufgaben zurückziehen. Die Politik hat nicht die Kraft, die Situation durch Verhinderung des Lohndumpings zu verbessern. Stattdessen verbreitet sie über die Medien unsere Arbeitslosigkeit wird sich in den nächsten Jahren zurückziehen, da immer mehr Menschen Arbeit finden. Sie verhüllt jedoch, dass es nur prekäre Arbeitsstellen sind.

Doch Ursachen hoher Arbeitslosigkeit wird jungen Menschen verschwiegen, und besonders von den Eliten anders dargestellt. Machtvolle gesellschaftliche Gruppen leiten deshalb ihren Nachwuchs durch unser Bildungssystem zu glänzenden Positionen im Berufsleben, und drängen so Jugendliche aus schwachen Schichten in den unteren Lohnbereich oder ins Aus. Den Abgedrängten fehlt es an dem kulturellen Kapital, dass man ihnen schon frühzeitig vorenthalten hatte, damit die Mitte der Gesellschaft ihre bedrängte Position festigen kann. Von interessierter Seite wird dann die Faulheit der arbeitslosen Jugendlichen ins Bewusstsein der Bevölkerung gerückt, um dann mit der Angst vor dem Ansehensverlust mit eine gering entlohnte Beschäftigung zu winken.

Unsere Bevölkerung leidet an der Verarmung der unteren Masse, eine Umverteilung der Arbeit kann diese Probleme lösen. Auch die Panikmache mit der Überalterung der Gesellschaft dient lediglich dazu, die Versäumnisse der Politik in den Bildungs- und Sozialsystemen zu verschleiern. Weshalb werden nun Schulen als kostenlose Zulieferbetriebe für die Wirtschaft verwendet? Wer sind die Lenker dieser Bildungspolitik? Die schlauen Dirigenten haben es geschafft. Besonders in den Autokonzernen reiben sich die Hände der Vorstände, denn die älter gewordenen Schüler kaufen endlich große und fein lackierte Autos. Ein feines Auto hat eine hohe Aufgabe: Es soll nicht nur von einem Ort zum anderen rasen, sondern auch das Ansehen und den Wert des Besitzers erhöhen.

In neoliberalen Denkhöfen und in der Politik ist den geglätteten Denkern aufgegangen, dass besonders in Schulen noch mehr für die Marktfähigkeit der jungen Menschen getan werden muss. Werkzeuge gibt es genug für das Produkt Humankapital.

Sechstes Kapitel

Im Würgegriff der Konzerne

Eine notwendige Umverteilung der Belohnung für Arbeit ist eine Machtverschiebung im Arbeitsmarkt. Wie viel Lohn will man den schwachen Bevölkerungsgruppen zuteilen? Wie viel Profit wollen die mächtigen Konzerne erreichen? Es wird keine neue Verteilung der Belohnungen geben, denn weitsichtig wird der Boden für die Durchsetzung neuer Privilegien bereitet. Erstaunlich viel konnte bereits auf den Weg gebracht werden, meist mit dem schlichten Hinweis: die Unternehmensgewinne sind in Gefahr. Im Fokus von Medien und Politik begleitet von der Wissenschaft steht ständig die Bedrohung durch zu hohe Lohnforderungen. Da bangen Arbeitgeber um ihren standesgemäßen Wohlort. Wird da eine neue Deutung eingeläutet? Fleißige Wirtschaftswissenschaftler fordern gar ein Renteneintrittsalter von 70 Jahren, und das bei steigenden prekären Arbeitsverhältnissen. Der entscheidende Inhalt ist jedoch eine Senkung der gesetzlichen Rentenansprüche und Milliardenzuflüsse in private Rentenversicherer. Die Menschen, die keine private Vorsorge leisten können, werden sich im Alter mit einer spärlichen Gabe aus Sozialhilfe begnügen müssen. So bleiben sie Ausgeschlossene bis zum Tod. Noch befindet sich Deutschland in einem wachsenden neoliberalen Entwicklungsstadium, denn in England lebt bereits jedes vierte Kind in Armut und in unserem Land erst jedes fünfte. Doch die Weichen sind schon in eine feine Richtung gestellt, denn für die Elite entwickelt es sich vorzüglich.

Es wächst die Kälte zwischen den gut belohnten Vollzeitbeschäftigten und den Leiharbeiter im Niedriglohnbereich. Was ist wohl von jungen Menschen, die nach vielen Absagen auf ihre Bewerbungen ihre Identität im sozialen Abseits bilden, an Verhalten zu erwarten. Ein Orientierungswechsel vollzieht sich da auf breiter Front und auch im Verborgenen. Da es keinen freien Arbeitsmarkt gibt, hätte der Staat die Pflicht für gleiche Zugangsbedingungen zu sorgen. Doch die Politik handelt getrieben von einer kleinen mächtigen Geldelite. Die Masse da unten, lässt sie fallen bis ins Alterselend. Die Arbeitgeberverbände bereiten die Menschen gedanklich auf karge Löhne in vielen Sektoren vor.

Das Gespenst einer kalten Ökonomisierung unserer Gesellschaft wird in Armutsdebatten ja ständig an die Wand gemalt, obwohl es schon unter uns ist. Ausgeblendet werden damit die privaten Geldakteure, die überfüllten Schatullen vieler Großbürger. Die ungleiche Macht der Marktteilnehmer sind die gesellschaftlichen Krisen, sie kann man nicht auf Mechanismen der Märkte reduzieren.

Doch man sich einig, Arbeitslosigkeit und Sozialhilfebedürftigkeit verschlingen enorme Mittel, und die Faulen müssen mehr gefordert werden. Eine Umsteuerung im Bildungssystem und Teilhabe wird nicht ausgerufen. Es handelt sich plötzlich um einen Konsens der Eliten, doch warum schallt es so laut. Will man auch diesmal das bürgerliche Wahlvolk nicht verunsichern, das System erhalten und schwache Gruppen mit kompensatorischen Mitteln beschwichtigen, damit alles so bleiben kann wie es ist? Die populistischen Massenmedien sollte man dabei nicht unterschätzen. Und sie bedienen sich gegenseitig, die politische Klasse und die Medien. Einigen steht der Angstschweiß auf der Stirn, wenn sie daran denken, wie wir als Exportweltmeister und Wohlstandsgesellschaft künftig überleben sollen. Diese Angst, angesichts der unabänderlichen Vermögensballung bei dem oberen Hundertstel der Bevölkerung, hat auch an der Mitte der Gesellschaft gekratzt. Man merkt es an den Aufrufen, den Ausgeschlossenen aufzuhelfen, sie wieder in die Arme zu nehmen. Manchmal wird auch von einer Kanzel seelsorgerisch Solidarität gefordert, oder mehr noch: eine solidarische Gesellschaft. Doch es bleiben Appelle ohne Taten, zu groß ist die Angst vor dem eigenen Absturz, die Panik vor dem Verfall des eigenen Ansehens.

Ein Konzern ist eben keine soziale Einrichtung. Arbeitslose hat man in der Wirtschaft als wertlos abgeschrieben, da sie keine braven Konsumenten sein wollen. Die große Mehrheit der Betuchten, Gewerkschaftsbosse und Politiker haben sich zusammengefunden und debattieren feinzüngig über die Aussortierten, statt ihnen wirklich aufzuhelfen. Der Konsumhunger soll zügig zum verinnerlichten und dominanten kulturellen Verhalten der kommenden Generationen werden. Diese erbärmlichen Verhältnisse werden von Gutmenschen und Konzernherren als wertvoll dargestellt, und von der Masse als selbstverständlich-naturhaft übernommen. Wer hat die Gehirnfunktionen der gelenkten Masse und der gläubigen Verbraucher so nachhaltig verändert, dass sie ihr Tun und Gehabe nicht als gelenkt wahrnehmen?

Die Diener der Konzerne in der Werbeindustrie haben gute Arbeit geleistet.

Siebtes Kapitel

Die Straße der Armen

Der unteren Masse ist von einer höheren gesellschaftlichen Gruppe eingeprägt worden, dass es in ihren eigenen wohlverstandenen Interesse liegt, Reichtum bei anderen zu akzeptieren und als Leitbild für sich selbst anzunehmen. Schutz und Förderung des Wohlbefindens der Reichen übernimmt der Staat. Ihm ist es gelungen das wahre Ausmaß der Konzentration des Reichtums zu verhüllen, andererseits ihn aber zur Richtschnur für viele werden zu lassen. Der Machtaspekt des Reichtums wird vor der Masse sorgfältig verschleiert. Er wird auf Nebenbühnen gelenkt: auf die Angst, das ersparte Kleinvermögen zu verlieren oder von einer Sprosse der Aufstiegsleiter abzurutschen. Die Botschaft ist gelungen: Die Aufstiegshoffnungen besetzt den Reichtum positiv.

Die Übersatten fordern ganz risikolos, dass jeder schließlich nur das erhalte, was ihm auch wirklich zustehe. Armut fügt sich in dieses Bild recht gut ein, weil es als Unterschichtphänomen die Zufriedenheit der Vornehmen noch mehrt. Hartz IV-Empfang und Armut der Anderen wird zu einem Distinktionsmittel, zu einer vorzüglichen Möglichkeit zur Abgrenzung nach unten. Die wichtigere Botschaft besteht jedoch darin, die Angst zu beschwichtigen, wenn der eigene Aufstieg beschwerlich oder versperrt ist. Das Meinungsbild der Masse integriert nun die Menschen erfolgreich, und es garantiert die gesellschaftliche Ruhe der Betuchten.

Wenn ein Arbeitsloser und ein hoher Beamter sich am gleichen Fernsehprogramm vergnügen, oder wenn sie nach den gleichen Schnäppchen jagen, dann deutet das nicht auf das Verschwinden der Schichten hin, sondern auf das Ausmaß, wie die Menschen in den genormten Konsum gelockt werden, der für die Erhaltung des Schweigens dient. Im oberen Klassenbereich werden für einzelne Widerständler Spitzengehälter bereitgestellt, um sie gefügig zu halten. Eine klare Trennung zwischen Oben, Mitte und Unten kann auf Grund festerer Einkommensgrenzen einfacher vermittelt werden. Man geht auf die KÖ oder nach KiK; man fährt mit der Straßenbahn oder nimmt schnell den Dienstwagen.

Unsere Gesellschaft ist wie ein südliches Meer, unten schlängeln sich kranke Fische durch den Müll und oben schaukeln feine Yachten im seichten Wind. Die Flüsse der Medien transportieren alles in unser allgemeines Meinungsbild. Es formt sich zu einer Wolke, die langsam durch die Hirne zieht. Arbeitslosigkeit und Unterbeschäftigung der ärmeren Schichten sind nun auf Umstände zurückzuführen, die diese Schichtmitglieder selbst verschuldet haben. Das ist die Botschaft der Vornehmen an die Verlierer. Die Botschafter sitzen alltäglich vor Kameras auf allen Kanälen. Zwischendurch dürre Statistiken aus der Kulisse. Viele Millionen Menschen stehen vor den Toren der Armut. Die deutsche Hochleistungsökonomie ist im Export Weltmeister geblieben. Konzerne stellen fest, dass ein Drittel ihrer Beschäftigten überzählig sind. Die schrillen Töne bedeuten nur, dass die Orte des Miteinanders schrumpfen. Die Einen sichern ihr Anwesen mit Überwachungskameras, die Anderen schlurfen gebeugt zur Tafel. Womit kann man den Beschäftigungsverlust eines hoch entwickelten Standorts kompensieren? Mit Nagelstudios, Altenpfleger oder als Hofkehrer in Reinigungsdiensten wohl kaum. Die brutale Freisetzung der Lohnabhängigen aus dem Arbeitsleben wird jede Solidarität zerstören. Jetzt schallt es über die Plätze: Ihr Ungebildeten tragt selbst die Schuld für eure Lage!

Jedes unbenebelte Hirn weiß, dass die globalen Konzerne ArbeiterInnen entlassen um ihre Profit-ziele zu erreichen. Sollen doch die Nutzlosen sich im unteren Teil der Gesellschaft verkriechen. Ein Weg aus diesen gewollten Ausgrenzungsprozessen wäre eine massive Verkürzung der Arbeitszeit pro Woche. Allein schon die Erwartungen auf einen interessanten Arbeitsplatz würde die Jugendlichen voll anspornen sich zu bilden. Nicht nur neue Lehrpläne, sondern erhoffte Lebensziele ermöglichen, feuert das Lernen an. Die politischen Diener der Wirtschaft rufen jedoch: Leistung muss sich lohnen in unserem Land, besonders für die bürgerliche Mitte der Gesellschaft, nicht für die Nutzlosen dort unten. Damit möchten sie ihre Wiederwahl auch von den Hochqualifizierten und Belohnten absichern. Andere Argumente kriechen bei einer Wirtschaftsflaute auch wieder aus den Schubläden: Arbeitslosigkeit lässt sich nur durch Absenkung überhöhter Lohnforderungen verhindern. Diese dümmliche Argumentation wird in vielen Ländern vorgenommen. Sie schickt die einfachen Löhne zur Wendeltreppe nach unten, und mit ihnen die Kaufkraft einfacher Schichten. Eine Exportnation erkauft ihre Weltmeisterschaft mit Armut im eigenen Land. Doch Konzerne mit Exportschlagern jubeln, denn ihre Aktionäre können mit reichlicher Dividende rechnen. Vor anstehenden Tarifauseinandersetzungen sind dann die Bühnen frei für Szenen aus Werksschließungen und Niedergang der Wirtschaft.

Gibt es Möglichkeiten zur Neugestaltung der Erwerbsarbeit durch eine umverteilende Arbeitszeit? Ja, durch eine 30-Stunden-Woche, doch die obere Hälfte der Gesellschaft wird es nicht zulassen. Weniger Ansehen für den steinigen Weg nach oben, niemals. Meine Position teilen mit anderen, undenkbar. Das Kapital, das meine Eltern in mich investiert haben, würde ja entwertet.

Schleicht sich da irgendwann einer auf die Bühne und schreit: Ausländer raus!

Bleibt nun eine notwendige Einkommensumverteilung Utopie? Solange jedoch die Guten den Unteren sagen, wir sind wertvoller und uns steht dafür ein höherer Lohn zu, wird es an den Rändern immer ungemütlicher. Wenn wir nach der Rolle der Angst und Furcht bei der Entstehung politischer Haltungen bei wertvollen Menschen fragen, so sind wir weitgehend auf Untersuchungen angewiesen, die das Politische nicht zum zentralen Gegenstand haben. Drohender Prestigeschaden und Besitzverlust besitzen den Vorrang vor allen besorgniserregenden Faktoren bei den Begüterten. Deshalb ist es auch nicht verwunderlich, wenn hier Strategien entwickelt werden, die Sicherheit versprechen. Offensichtlich zeigen sich hier deutliche Prägungen der Erziehung in Familie und Schule. Eine Strategie ist die Einweisung der Nachkommen zu den schichteigenen privaten Schulformen mithilfe der Ideologie der „Begabung", auch begabungsgerechte Auslese genannt. Die bürgerliche Mitte sichert so ihre Stellung in der Gesellschaft ab, und die Benachteiligten dürfen ein Handwerk erlernen. Die Betrogenen fallen somit für die „Begabten" als Konkurrenten aus. Aber auch Begabte lernen für einen kalten Markt.

Vor diesem Hintergrund analysiert, "funktioniert" Schule hierzulande im Sinne des Systemerhalts bestens, denn die Abgedrängten und Betrogenen schreiben sich ihre schulischen Misserfolge selber zu. Unterstützt durch ein Zeugnissystem, mit dem über Anpassungswillen gerichtet wird, damit konformes Verhalten für den Arbeitsmarkt erreicht werden kann. Hier wird Schlummerndes in den Jugendlichen einfach abgemäht und eingeebnet.

Das entscheidende "Einfallstor" für den Erhalt des herrschenden Bildungssystems, dessen Erhalt allein die existierende Klassenstruktur sicherstellt, stellt die Begabungsideologie dar. Für Vordenker und Weltbildproduzenten ein feines Werkzeug, um früh Ausgesonderte als leistungsunwillige Wesen zu kennzeichnen. Diese Typisierung ist zwingend für die Machtverhältnisse in unserer Gesellschaft. Haben nicht die meisten Menschen schon ein heimliches

Bündnis mit den neoliberalen Vordenkern eingegangen, in dem sie Verteilungsgerechtigkeit aus ihrem Denken verbannt haben, um ihre Pfründe abzusichern? Zusätzlich sind die vollgestopften Kaufhäuser eine gigantische Ablenkungsmaschinerie, um das neoliberale Machtsystem zu verschleiern.

Achtes Kapitel

Die soziale Auslese

Viele soziale Strukturen sind deshalb so besonders wirksam, weil sie völlig verkannt und unterschätzt werden. Ein wundersamer Fall ist zum Beispiel die Gewaltverhältnisse, mit denen Kinder aus ökonomisch und kulturell stark benachteiligten Familien in Gymnasien der Eintritt verwehrt wird. Gerade diese Familien, die Opfer der wirtschaftlichen Ausbeutungsrate sind, und diese Ungleichheit auch im Schulsystem erleben, glauben am kräftigsten daran, dass Begabung und Tüchtigkeit die einzig ausschlaggebenden Ausstattungen für den Schulerfolg sind.

Man hat es ihnen immer wieder eingegeben: Ihr Kind ist nicht begabt. Hier findet die kulturelle Enteignung statt. Sollten Eltern und ihre Kinder etwas darüber wissen, wie verborgene ökonomische Zugangsregeln für eine höhere Bildung funktionieren?

Man könnte spöttisch sagen, dass die am brutalsten vernachlässigten Gruppen keine andere Chance haben, als ihr Schicksal den politischen Parteien zu überlassen. Doch die Politik, die nur bestimmte Lieder singen darf, beugt sich hier mit einer stumpfen Maske: Einerseits stellt sie sich scheinheilig als Helfer der Benachteiligten dar, und andererseits ist sie selbst Komplize der ökonomisch mächtigen Eliten.

In Schulen wird Wissen angehäuft, um Jugendliche in erbitterte Konkurrenz gegeneinander zu treiben. Die anschließende Auslese gestaltet den Drill noch effizienter. Nützlichkeit für den Arbeitsmarkt steht im Vordergrund, nicht die Entwicklung einer aufgeklärten Persönlichkeit. Fügsame Arbeiter und Angestellte müssen produziert werden. Der großbürgerliche Nachwuchs für hohe Aufgaben in Konzernleitungen und in der Hochfinanz geht auf Privatschulen. Das staatliche Bildungssystem muss auch Arbeiter herstellen, die bereit sind, trotz schulischer Abschlüsse auf hohe Löhne willig zu verzichten.

Der Bildungsmarkt und der Arbeitsmarkt haben gleiche Strukturen und bilden eine Harmonie. Der Wert von Schulabschlüssen sinkt ständig, weil sie auf dem Arbeitsmarkt in einer ungeheuer großen Zahl angeboten werden. Diese Entwicklung zahlt sich für Abgänger von Eliteuniversitäten besonders gut aus, da sie durch gute Beziehungen und Empfehlungen, auch soziales Kapital genannt, nicht in einer so streitsüchtigen Lage sind. Soziales Kapital ist nun auch die wichtigste Voraussetzung, um Abschlüsse in hohes Einkommen umsetzen zu können.

Die Abwertung von Bildungsabschlüssen ist sehr ungleich, und hängt davon ab, wie groß die Macht der sozialen Gruppe ist, die ihre Stellung in der Gesellschaft nur auf diese Titel stützen.

Schulische Abschlüsse sind eben profitable Geschäfte, denn sie stellen eine besondere Form von Investitionen dar. Sie dienen vornehmlich der Außenausstattung der Mittelklasse. Und diejenigen, die diese Scheine in ihren Händen halten, verteidigen ihr Kapital und Profite mit aller Macht. Sie kämpfen auch für Einrichtungen, die ihnen dieses kulturelle Kapital garantieren.

Nun ist verständlich, weshalb es die hartnäckigen Verteidiger des jetzigen Bildungssystems gibt. Alle diese individuellen Kämpfe, die durch drohende Arbeitslosigkeit immer roher werden, summieren sich zur Wiederherstellung der Klassengesellschaft.

Das bedeutet, dass in unserer Gesellschaft diejenigen, die diesen Kampf um Bildungskapital verlieren und von den Aufstiegen abgehängt sind, auch in ihrer Würde tief getroffen sind. Diejenigen wiederum, die das Bildungskapital in ihrem Besitz wähnen, sollen auf Verlierer herabblicken können. Dieses kulturelle Kapital ist organisiert und trägt zur Überordnung von Menschen bei, wie bei feinem Tuch oder dem Häuschen, wo wir sofort erkennen sollen, auf welcher Sprosse der sozialen Leiter sein Besitzer kauert. Der Umstand, dass diese Erscheinungen auch bei sinnlichen Äußerungen von lieben Menschen vorkommen, erweckt den Eindruck, als sei kulturelles Kapital die natürlichste Form des Eigentums. Wir erkennen nicht sofort das Machtgefüge hinter der Bühne, mit dessen Hilfe sich Menschen mit kulturellem Kapital bekleiden. Es gibt drei große Schichträume, wo sich die Angekleideten aufhalten. Einmal der einfache untere Raum, der in gewisser Weise die Abstellkammer für Ausgesonderte ist, wo sich eben die Wertlosen aufhalten. Der mittlere Raum, wo die Bessergestellten sich wärmen und ängstlich nach unten und oben blicken. Und ein völlig abgesonderte oberer Raum, in dem sich die herrschende Elite aufhält. Anders wie in geographischen Räumen, sind hier die gesellschaftlichen Räume durch fortwährende unerbittliche Kämpfe in Bewegung. Jedoch wer oben beheimatet ist, dürfte wohl kaum jemanden von unten hereinlassen. Eine Verbindung der Schichträume von oben nach unten übernimmt das öffentliche Bewusstsein, indem ein bestimmtes Gesellschaftsbild mit den Medien und der Politik nach unten transportiert wird.

Der Transport des Bildes vom Arbeitsmarkt ist eine Glanzleistung. Die herrschende Schicht gibt vor, wie der deutsche Arbeitsmarkt zu funktionieren hat, ohne Mitbestimmung der Millionen wehrloser Erwerbstätiger. Sie gibt vor, wie ein Bildungssystem zu funktionieren hat, damit ihr Nachwuchs durch feine Auslese die schichteigene Position zugewiesen bekommt. Die Hoffnung vieler Jugendlicher auf gesellschaftlichen Aufstieg durch mehr Bildung wird hier ausgehebelt. Auch die vielen Hauptschulabgänger, sie alle sind der Willkür der Habenden ausgesetzt. Der ungleiche

Schulerfolg von Kindern aus verschiedenen sozialen Schichten spiegelt die Verteilung des Kapitals zwischen den Schichten wieder. Auch der Profit, der aus den Erfolgen erlangt wird, ist der Ertrag der schulischen Investition. Die landläufige Betrachtungsweise oder das Alltagsbewusstsein ordnet den schulischen Erfolg jedoch als natürliche Fähigkeiten ein. Es wird eifrig die Tatsache übersehen, dass Fähigkeiten und Abschlüsse das Produkt einer ausgeklügelten Bildungsinvestition ist. So wird in feinen Familien ökonomisches Kapital im Schulsystem in kulturelles Kapital umgewandelt, um dann die erworbenen Abschlüsse und Titel zur Verfestigung und Absicherung der angehäuften Vermögen zu nutzen.

Familien die kein kulturelles und ökonomisches Kapital besitzen, können allerdings keine Bildungsinvestitionen in ihre Kinder vornehmen, und müssen sich somit mit ihrem Nachwuchs einen Platz im unteren Schichtraum aussuchen, in dem Menschen ohne Abschlüsse und Titel angesiedelt werden.

Es dürfen auf keinen Fall alle Menschen über Besitztum und kulturelle Mittel verfügen. Denn die ungleiche Verteilung von beiden Mitteln bildet insbesondere die Grundlage für die Wirkungen von Kapital, nämlich die Aneignung von Profiten und die Macht gesellschaftliche Spielregelungen durchzusetzen. Übrigens ist eine Bildungsinvestition, die in begüterten Familien stattfindet, die vollkommen verschleierte Vererbung von Kapital. Die Erben formen es um in Geld, kaufen dafür Maschinen und Fabrikhallen, darin dann Hauptschulabgänger arbeiten dürfen. Die Klassengesellschaft lebt, und reproduziert sich im unseren Schulsystem. Hier eine geschlossene Klasse der Produktionsmittelbesitzer, deren Interessen gebündelt sind, und dort die Klasse derer, die keine Mittel besitzen, also nur Konsumenten und gefügige Arbeitnehmer sein sollen.

Man denkt sofort an die materiellen und seelischen Leiden all der Arbeitslosen, all der Hartz IV-Empfänger, all der Leiharbeiter.

Doch wenig wird über die Hoffnungslosigkeit gesprochen, die etwa von den mit dem Schulsystem zusammenhängenden Enttäuschungen hervorgerufen wird. Sei es, dass man von der Schule nicht die Titel erhalten hat, welche die Eltern erwarteten, sei es, dass man am Arbeitsmarkt nicht das erreichte, was die von der Schule vergebenen Titel versprochen hatten.

Diejenigen die Arbeitslose verurteilen, müssten mit der gleichen Schärfe die grausamen Bedingungen verurteilen, wodurch Arbeitslosigkeit entsteht.

Die Macht der Märkte ist durch den Bau von Mammutkonzernen entstanden. Kleine Konkurrenten sind unterlegen, aber nicht nur deshalb, weil es viele Produkte gibt, die nur in großen Serien rentabel hergestellt werden können, sondern weil große Konzerne über mehr finanzielle Manövriermasse, über ausgeklügelte Vertriebswege und ausgedehnte Werbemöglichkeiten verfügen. Die Mächtigen in der deutschen Wirtschaft zerstören die Solidarität. Zehntausende von Zulieferern müssen sich der Machtstellung der Großkonzerne beugen. Die Kleinen fügen sich den Großen, sonst würden sie in den Ruin getrieben. Diese Machtballung nennt man allerdings euphemistisch Firmenkooperation. Wie viel Millionen Arbeitnehmer darunter leiden, wird ausgeblendet. Denn die Löhne werden langsam aber sicher nach unten geschraubt, und der Staat stockt ja auf, damit es ruhig bleibt im Lande. Niedrig Entlohnte die aus Not in diesen Gewaltverhältnissen arbeiten müssen, beugen sich den Arbeitgebern. In einigen Jahren werden Unternehmer Arbeitslose ohne Entlohnung beschäftigen, da der Staat mit Alg. II die Kosten übernimmt. Diejenigen aber, die jedoch nur eine Beschäftigung suchen um einen satten Gewinn aus ihrer Bildungsinvestition zu erzielen, sind in einem höheren Schichtraum anzutreffen und bei den Arbeitgebern hoch angesehen. Es ist die totale Verwahrlosung der menschlichen Beziehungen im wirtschaftlichen Raum.

Die Funktionsweise des Arbeitsmarktes beruht daher auf der Existenz zweier entgegengesetzter Motive zur Teilhabe am Marktprozess. Der Motor der Wirtschaft ist Hunger und Gewinn. Es streben also Menschen auf den Arbeitsmarkt, die das Nötigste kaufen müssen oder auf hohe Profite hoffen. Die einen müssen sich einem kargen Lohn beugen, die anderen handeln Sonderverträge mit ihrem neuen Arbeitgeber aus.

Das etablierte Wissen, also die öffentliche Meinung, bestimmt nicht nur was als richtig gedacht, sondern auch was idealisiert werden darf. Die gesellschaftliche Ausgrenzung der Arbeitslosen und die Verherrlichung der Leistungsträger und Fleißigen bilden nicht nur den Zement für die Kontrolle über die Berufstätigen, sondern auch den Klebstoff für unsere Leistungsgesellschaft. Deshalb ist die Ausgrenzung gesellschaftlich so erfolgreich, weil sie die Eingliederung der Arbeitslosen verhindert, und dadurch, dass sie bewusst Wertlose schafft – nämlich eine gesonderte Schicht von Menschen, deren Unwürdigkeit den Leistungsträgern als eine für sie nicht wünschenswerte Alternative ständig erneut vor Augen geführt werden kann. Wer möchte schon zu dem Abfall unseres Arbeitsmarktes gehören, der von Leistungswilligen mitproduziert wird. Und dann der Stolz, der beim täglichen Anblick Arbeitsloser in mir schwillt, da ich mich zu den wertvollen Menschen zählen darf. Es gibt keine Lücken mehr, in die wir uns vor diesen Auswirkungen verkriechen könnten. Das geleitete öffentliche Bewusstsein, das alle beherrscht, hat mit medialer Macht alle menschlichen Beziehungen eingekesselt, ist allgegenwärtig und bis in unsere Nervenbahnen eingedrungen.

Neuntes Kapitel

Der Personenmarkt

Das automatisierte Gehäuse, das Menschen einpfercht, schleift tiefe Spuren in ihre Persönlichkeit. Die genau durchdachte und unversöhnliche Ansammlung von Einkommen, Besitz, Wissen, Ansehen und Macht erzeugt bei vielen vornehme Hochmütigkeit oder Unterwürfigkeit und Ohnmacht. Das gute Einkommen oder das füllige Haben der Anderen wird bei Unteren zum nacheifern für die eigene Existenz bejaht. So sitzen die Menschen isoliert in ihren großen oder kleinen privaten Winkeln, und spähen verstohlen durch die verhangenen Fenster zu Anderen. Große Kinderzimmer eingesät mit Spielsachen aus künstlichem Stoff bereiten schon früh auf dieses eingekapselte Leben vor. Familien reichen ihren Ort in der Gesellschaft, ihr Konsumverhalten und ihren Habitus, an ihre Kinder weiter. Welche Erbschaft der Eltern erwächst und erschlägt dort? Ärmliche Lebensorte schleifen oder bohren andere Konsumstile und Einstellungen in die Persönlichkeit, als die Orte und Berufe, die für Bürger der Mittel- und Oberschicht vorgesehen sind. So sind Auswirkungen der Arbeitsbedingungen oder gar Arbeitslosigkeit auf den Lebensstil und das Erziehungsverhalten der Erwachsenen unumgänglich. Kinder werden somit auf die Deutungen und Konsumstile vorbereitet, denen ihre Eltern anhängen. Das konkrete Erziehungshandeln der Eltern, also die Art der Problemlösung in Konfliktfällen und das Ausmaß von Bestrafung und Belohnung, wird indirekt durch das berufliche Konkurrenzverhalten schädigend beeinflusst. Prekär beschäftigte Eltern geben andere Lebenseindrücke an ihre Kinder weiter, als ein Elternpaar mit einer hoffnungsvollen Beamtenlaufbahn. Erstere vermitteln Angst vor sozialen Abstiegen und Resignation; letztere Hoffnung, Aufstiegsgewissheit und ein sorgloses komfortables Leben.

Weil Menschen so vieles an ihren Lebensvorgängen alltäglich hinnehmen, reproduzieren sie ihr Gelände unbewusst. Die Stimmungslagen, in denen sich das Erwerbsleben der Mütter und Väter widerspiegelt, bringen sie in die familiären Situationen so ein, dass sie in den spontanen Handlungen auf das Verhalten der Kinder weitergegeben werden. An der Privatsphäre der Familien rütteln und zerren geringer Lohn und Frustration, oder auch hochwertiger Konsum und Überfluss. Konsumieren wirkt immer erlösend oder dazu gehörend. Der Ort und Ausmaß des Kaufens entscheidet darüber, ob Bürger sich dem Milieu, das sie atmend umgibt, auch wirklich zurechnen dürfen. Das Niveau des Kaufens wird gesellschaftlich vorgegeben, ist sozial erwünscht. Jemand der nicht mithalten kann oder nicht mithalten will, wird isoliert und mit Häme übergossen. Doch im Sinne der Abwehr sozialer Angst, vermeiden wir Isolierung, dass lernen wir schon in den ersten Lebensjahren. So werden zwischenmenschliche Beziehungen bestimmt durch Eigentum, unterschiedliche Automarken und Angstgefühle.

Die neuen Dienstboten und Leiharbeiter der verlierenden Sozialschicht wissen, das Güter und Lebenschancen in der Gesellschaft ungleich verteilt sind. Von den Vorrechten der vermögenden Bürger sollen sie ausgeschlossen sein. Vereinzelt gelingt ein individueller Aufstieg, doch sonst begnügt man sich resignierend mit dem Festklammern am Kleinbesitz, an Balkonpflanzen oder am Dauerfernsehen. Viele sind ihrer Misere nicht gewachsen, da sie dazu verurteilt sind, dass, was wirtschaftliche Macht bei ihnen angerichtet hat, als eigenes Versagen zu interpretieren.

Die Frage, wie sich die beschriebenen Bedingungen, unter denen Familien leben, durch Veränderungen in Psyche und Gehirn der von ihr Sozialisierten niederschlagen, haben sich bisher nur Sozialwissenschaftler und Neurobiologen gestellt, nicht aber alle Menschen. Die Anleitung ein williger Konsument zu sein, zwingt Familienmitglieder dazu, Konflikte zu verschleiern oder sie in ständig verzerrter Art auszutragen. Deshalb sind viele Menschen zu einem isolierten Leben verdammt. Das System der Arbeitswelt stellt sie zu konkurrierende Wesen her. Die Machtlosigkeit, in der Menschen gehalten werden, soll dazu dienen, dass sie sich kritiklos leiten lassen. Die Angst, nicht mehr kaufen zu können, den Rang zu verlieren, durchdringt das Alltagsleben, und macht zum Feinde. Sie verleiht allen Beziehungen einen ambivalenten Charakter, sodass sich Menschen misstrauisch und unversöhnlich begegnen. Trennungsängste und die mit ihnen verknüpften Schwierigkeiten, die aus frühkindlichen Erfahrungen resultieren, sind typisch für psychische Verläufe die im Berufsleben reaktiviert werden.

Wirtschaft und Gesellschaft weist besonders der Familie die Aufgabe zu, in der primären Erziehung Arbeitswillige für die Unternehmen herzustellen, die später günstig verwertet werden können. Solange jedoch die Ökonomie den Menschen ihren Weg vorgibt, wodurch jede knospende Solidarität zerstört wird, werden sie nicht los, was sie in der Kindheit traumatisch erfahren haben.

Die Erwachsenen bleiben vor allem deshalb unbewusst an frühe Rivalitäten und an die mit ihnen verknüpften Problematiken fixiert, weil ihre Arbeitswelt sie dauernd in Situationen hineinzwingt, die sie wie früher als bedrohlich empfinden. Diese psychischen Strukturen sollten aufgebrochen werden. Denn die Furcht in den Seelen ist ein Treibmittel unseres wirtschaftlichen Handelns. Das Kalkül sich zu bereichern ist auch oft mit Angst besetzt. Sie ist vermittelt, denn wer sich nicht an die ökonomischen Regeln hält, wird heutzutage nicht verhungern, aber am Horizont zeichnet sich Deklassierung und Demütigung ab. Die Panik vor dem Absturz, und die gesellschaftliche Erwartung des Habens, bahnten bereits in unseren Gehirnen neue Wege. Denn bei nicht befolgen droht der soziale Tod. Die Erfahrungen die das Kind in der Familie erlebt, hinterlassen Spuren in den neuronalen Netzen und werden später durch verwandte Belastungen unbewusst reaktiviert. Die Zerrissenheit im Menschen, die daraus entspringt, dass er ein Teil der Konkurrenzgesellschaft sein will und zugleich gegen sie kämpfen muss, ist nur zu lindern, wenn die psychischen Belastungen, die die Gesellschaft ihm, oder die er sich selbst auferlegt, durch Solidarität verringert werden.

Gerade die Kleinfamilie, mit ihrem Versuch zum privaten Glück und Drang zum Aufwärtsstreben, sozialisiert individualistische Interessen, die Furcht und psychische Belastungen fördern. Eine Persönlichkeit ist jetzt am gedeihen, in der Angst und Anerkennungswünsche den Ton angibt, in der früh solidarisches Handeln zugeschüttet wird.

Neben der Steuerung der Massenmedien sind Menschen vielfach zusätzlich einem permanenten Konsumappell ausgesetzt, der gezielt seinen Anerkennungswünschen entgegenkommt. Dabei ist die organisierte Vorbereitung des Konsums durch die Vorarbeiten der Bewusstseinsindustrie, eine notwendige Rationalisierungsmaßnahme der Unternehmen. Denn die Massenproduktion zwingt sie dazu, den Konsum durch gezielte aufdringliche Werbung langfristig im Verbraucher anzuregen. Auch der Staat drängt zu höheren Konsumausgaben, beschließt Ankurbelungsmaßnahmen, jedoch geht es ihm eher um Mehreinnahmen aus der Massensteuer für seine Beamtengehälter und Rüstungsgüter. Die Menschen müssen lernen zu konsumieren, zu konsumieren wann das System es will und wie viel das System will.

Zugleich verspricht der Kauf von Waren seinem Käufer aber über den Gebrauchswert hinaus auch etwas Schönes und Traumhaftes: Sicherheit und Mitgliedschaft, Bedeutung und Anerkennung. In Warenhäuser sind Menschen vor Regalen zu beobachten, die dort träumend ihr Inneres zu finden glauben. Für alle ist etwas dabei, Fernsehgeräte mit Flachbildschirm, für die saubere Hausfrau ein neues Waschmittel und für Jugendliche ein Handy. An freien Samstagen fahren viele gutgelaunt nach Ikea, und andere zum Autohaus. Alles umgarnt von Missgunst und Konkurrenz, um Statusleitern zu erklimmen oder soziale Abstiege abzuwenden. Gleichzeitig erhöhen sich die Müllberge, da vieles ihr anfänglich Verheißendes nach kurzer Zeit verloren hat.

Früher wanderten Eltern an Wochenenden von ihren Kindern jauchzend umringt durch duftende farbenfrohe Wälder; heute wandeln sie mit ihrem Nachwuchs hungrig durch Baumärkte und Konsumhallen.

Beleuchten wir einmal die primäre Sozialisation. Die Einigungssituation in der Mutter-Kind-Zweisamkeit ist der Anfangspunkt eines lebenslangen Geflechts. Hier liegt der Kernpunkt der Vergesellschaftung. Keine Reaktion der Mutter auf das Kind ist außer-gesellschaftlich. Wenn sie vom Kind als Subjekt erkannt wird, so ist ihre Subjektivität immer schon als gesellschaftlich hergestellt zu denken. Die Lebenslage der Mutter ist ebenso hergestellt und befindet sich in einer realen gesellschaftlichen Schicht. So werden die ersten eingerichteten Gehirnvernetzungen beim Kind kleine Geflechte der künftigen Konsumgesellschaft. Welche Einflüsse hat die Erwerbstätigkeit der Frauen und die allein erziehenden Mütter auf die Sozialisation der Kinder? Die Familie ist immer weniger ein Hort der Verbundenheit, und es tragen nun beide Elternteile ihre Arbeitswelt ins Private. Immer weiterer Lebensbereiche werden nach den profitorientierten Erfordernissen der Großkonzerne umgebaut. Die Erwachsenen in der Familie sind ein feines Transportmittel. Da schwappt die Konsumentenwelt bis ins Kinderzimmer.

Keimt da ein Mangel an Gemeinschaft und Selbstwert, dass später mit überhöhten Konsumwünschen ausgeglichen werden muss? Sollen hierfür der eigene Beruf und der Lohn zur Aufwertung des Selbst, mit der Anerkennung durch andere, beitragen? Setzen wir uns nun alle in die Regale und lächeln? Und auch Manager und Politiker, mit ihren überhöhten Arbeitseifer sind den frühen Erwartungsmustern weitgehend verhaftet. Der Anspruch auf Herrschaft, auf Allmacht und verschleierte Kontrolle über andere dient unmittelbar der Erhaltung und Stabilisierung des früh verletzten Selbstwertes. Die Anderen sind die Spiegel, die mir sagen wer ich bin.

Sollten wir lernen, Herrschaftsstrukturen und Verteilungskonflikte um Arbeit als Ursache von Lebensbeschädigungen zu erkennen? Denn subjektive Strukturen wachsen im Verborgenen. Die Zurichtung der Menschen schlägt sich nicht einfach als Übernahme und Verinnerlichung vorgefundener Werte und Orientierungsmuster nieder. Psychische Strukturen entstehen auch durch Freude, Versagung und wirtschaftlich vermittelte Angst. Absturzgefahren, Täuschungsmanöver oder Resignation überspielen neuronale Netzwerke. Sozial erwartetes Verhalten ist dann bereits dem Inneren aufgezwungen, ist ein unbewusster Vorgang. Kurzfristig angebotene Gesinnungen werden hastig entgegen genommen.

Arbeit gebe den Menschen das Gefühl der Anerkennung und Bedeutung, sie allein könne Zugang zur gesellschaftlichen wie persönlichen Identität öffnen. Diese Deutung ruft uns zu, dass Lohn und Konsum eine Investition für die eigene Mitgliedschaft in der Gesellschaft ist. Nicht Sehnsüchte und Bedürfnisse sollen befriedigt werden, sondern die Marktfähigkeit des Konsumenten muss hergestellt werden. Konsum ist eine Investition, was für den sozialen Wert des Menschen von Bedeutung ist. Die Unmöglichkeit, das Erwartete zu erfüllen, oder den protzenden Aufrufen der Besitzenden nicht umgehend zu folgen, mündet in ein Gefühl, unzulänglich und minderwertig zu sein. Diese feine mittige Überzeugung treibt alle dazu an, sich mit allen anderen im Wettkampf um knapper werdende Arbeitsplätze dem Diktat des Arbeitsmarktes zu beugen. Menschen werden im Wettkampf um lohnende Arbeitsplätze gegeneinander ausgespielt, und die Ausgekoppelten gelten als schlechte Konsumenten und als wertlos. Was bewirkt dieser Prozess, wenn er in die Familie hineingetragen wird? Die Antwort ist überall sichtbar: Abkehr vom Politischen, Selbstvorwürfe, Suche nach Sündenböcke und psychisches Leiden. In der jetzigen Zeit, in der für viele das Vertraute ihre Gültigkeit verliert, erlaubt sich die Werbeindustrie die endlose Suche nach Selbstbestimmung und Lebenssinn neu zu deuten. Eine solche Schwerpunktverlagerung ist wichtig, damit schon junge Gesellschaftsmitglieder auf das Leben in einer digitalen Zukunft vorbereitet werden, in dessen Mittelpunkt wiederum die Einkaufszentren stehen.

Schon in die kleinen Seelen werden falsche Orientierungsmuster früh eingewoben, um unkritische Lohnabhängige für Unternehmer und gutgläubige Konsumenten herzustellen. Die heute so hilflose Identitätssuche mit digitalen Werkzeugen, drückt nicht einen Willen aus, ein unabhängiger Mensch zu werden, es ist im Gegenteil die Furcht nicht dazu zu gehören. Daher argumentieren viele Sozialwissenschaftler, dass die Fähigkeit des Individuums, ein autonomes Subjekt zu werden, nur das Ergebnis einer gelungenen Sozialisierung sein könne.

Doch gerade dieses Gelungene, ist oft verpuppt und birgt Unheil für die Gemeinschaft!

Denkgewohnheiten sind so fest verankert, dass sie die Ursachen des Schwindens von Solidarität nicht wahrnehmen. Von hoher staatlicher Warte wird lebendige Gemeinschaft und neuer Familiensinn eingefordert, ein hoffnungsloser Aufruf, denn es wird nicht an die Wurzel gefasst. Hartz IV-Empfänger und Leistungsträger werden gegeneinander ausgespielt, um sie gefügig für den Arbeitsmarkt zu machen. Immer mehr Menschen kämpfen listig um Arbeit, da ist Solidarität ein Hemmschuh. Diese Vergesellschaftung setzt alles auf die Integration durch Arbeit, auf eine neue Dienstleistungsgesellschaft, in der alle Tätigkeiten nur als Mittel, das Nötigste zu verdienen oder feinen Anerkennungswünschen zu dienen, geschätzt werden. Dadurch bringt sie hilflose und abhängige, resignierende und fein verhüllte Persönlichkeiten hervor, die im mörderischen Kampf um Arbeit und Lohn keiner Solidarisierung mehr fähig sind. Die geformte Mittelschicht überzeugt sich selbst von dem Hintergrund der Arbeitslosigkeit, wenn sie hohe Löhne als Ursache ausmachen und Aussortierte als Versager und Faulenzer beschimpfen. Doch was bleibt den Kernbelegschaften im beruflichen Alltag übrig, als Solidarität und Mitmenschlichkeit zu verbergen, um nicht mit in den sozialen Tod getrieben zu werden?

Die Einkapselung der Menschen wird hervorgebracht durch erlernte Überlistungsstrategien, die sie fit machen, um in den Wellenbrechern des Arbeitsmarktes zu überleben. So schmieden sie ihre individuellen Karrieren auf den Rücken Anderer.

Im Graben zwischen Ausbildung und Arbeit können aber viele ganz liegen bleiben, wenn sie die Erfahrung machen, dass der diktatorische Arbeitsmarkt sie mit ihren Qualifikationen gar nicht mehr braucht, sie zurückstößt. Das schafft Kränkungen, Verletzungen, Wut und Verzweiflung. Wichtig sind gerade vor und während der Adoleszenz sinnvolle Arbeitsaufgaben, die zunächst mit Größenwünsche aufgeladen, dann überprüft und ins Realistische umgewandelt froh machen. Bei der gegenwärtigen wirtschaftlichen Entwicklung fehlen sie bei vielen. Dadurch droht das Geltungsstreben völlig in den Vordergrund zu rücken. Die ständige Suche nach neuen Kleidern und das griffbereite Handy ist da nur ein kläglicher Ausgleich. Gerade für die jüngeren Lohnabhängigen steht mehr auf dem Spiel als nur die Arbeitsstelle oder die berufliche Position. Es geht um anerkannte Selbstbilder und Lebenspläne, deren Realisierung durch die Macht der Konzernherren und schwachen Politikern gefährdet ist.

Die anhaltende niedrige Belohnung der prekär Beschäftigten haben im Zusammenwirken mit falschen öffentlichen Investitionen nicht nur Unsicherheit und Angst hervorgerufen, sondern auch einen immer größeren Kreis von Menschen in den materiellen und sozialen Ruin gedrängt. Hinter den mehreren Millionen Fällen von Arbeitslosigkeit verbirgt sich ein Vielfaches von Betroffenen, die in den letzten Jahren das Unheil gespürt haben. Aufgewühlte Eltern können die manifeste und latente Gefahr der Arbeitslosigkeit und die damit einhergehende Zukunftsfurcht vor ihren Kindern nicht verbergen. Die Wahrnehmung und Lebensorientierung der Kinder wird es in psychosozialer und emotionaler Hinsicht bedrängen. Diese Entwicklung bleibt auch den nicht-betroffenen Kindern und Jugendlichen keineswegs verborgen. Sie spüren, wie Angst, Ohnmacht und Verzweiflung bei ihren Freunden wirkt.

Insgesamt sind in diesem Gemenge zwei Aspekte für das Sozialisationsfeld Familie und Schule von Bedeutung. Erstens verbinden sich mit den wahrgenommenen oder selbst erfahrenen Lebensrisiken bei Kindern und Jugendlichen generell Zukunftsängste und Orientierungslosigkeit. Die sicher geglaubten Zukunftsperspektiven wanken, und gegenwärtiges Lernen wird mit Lebenschancen aufgerechnet. Der zentrale Wert des Schulerfolgs wird erschüttert. Da heute Motivation und Leistung vornehmlich aus dem zukünftigen Tauschwert von Schulabschlüssen in Konsumartikel abgeleitet wird, geht nun die Sinngrundlage schulischen Lernens für Bildung verloren. Zweitens wird die eigene Lage als ungerecht wahrgenommen, und die weiterhin vorgegebenen Ziele nach Erfolg und Wohlstand erzeugen bei den Verlierern Ohnmacht, sowie feindliches Verhalten gegenüber noch Schwächeren. Gerade wegen der Konkurrenzbedingungen auf dem Arbeitsmarkt hat sich damit an der Nahtstelle vom Schulabgang zum Beruf der Wettbewerb unbändig verschärft. Dies bleibt nicht ohne Folgen auf die Gegnerschaft im schulischen Leben. Mit immer feineren Lernmethoden wird nur noch der Vorsprung bearbeitet. Anderseits werden bei Lernermatteten Gefühle von Sinnlosigkeit und Unbrauchbarkeit gesteigert. Dieser Wettlauf zerstört Bindungen und verdrängt solidarische Umgangsformen in den Klassenräumen. Der heftigste Druck liegt auf Mittelschichtfamilien, denn sie müssen Abstiege und Statusverluste abwenden. Das Zentrale für die Sicherung positiver Perspektiven für die Lebensplanung ist ein aussichtsreicher Einstieg in das neoliberale Erwerbssystem. Wenn von den politischen Akteuren nicht ein Rahmen von sichtbarer Verteilungsgerechtigkeit für Bildung gebaut wird, entsteht aggressive Rivalität oder Trostlosigkeit, die sich auch in Lernabneigung ausdrückt. Statt Menschen in Warteschlangen auf den langen Fluren der Arbeitsagenturen einzureihen, müssen schon in den Räumen der Schulen Sicherungen eingewoben werden, wodurch die Privilegien der Nachkommen von hohen Schichten abgebaut werden.

Denn was wird in die Seelen der Jugend eingebettet, die unter gespalteten Bedingungen vergesellschaftet wird? Die von einer Generation erzogen wird, der das, was sie einmal verbinden sollte, entglitten ist. Durch konforme Erwachsene wird an vielen Jugendliche eine Verherrlichung des Konsums weiter gegeben. Dadurch wird Kritik am Wirtschaftssystem abgetötet. Da wird Falsches vorgelebt. Gefragt sind in dieser prekären Lage mutige Menschen, die das Bild nicht nur bepinseln, sondern die verhindern, dass ein Drittel der Gesellschaft an Ränder geschleust wird. Die Verantwortlichen haben jedoch schon vorsorglich Auffangbecken und Abfallbehälter für die Abgedrängten eingerichtet: Hauptschule, Arbeitslosengeld, Sozialhilfe, Sozialpädagogik und Umschulungen. Dort werden die Auswirkungen eines verzweifelten Lebens abgefedert und entsorgt, um die auflodernde Kritik frühzeitig abzulöschen.

Fleißige rechte Hände der Konzernherren schreiben wichtige Gesetzesvorlagen an Ministerien. Das Stahlkorsett musste mit neuen Bändern verstärkt werden. Geübte Bankmanager drehen mit neoliberalen Werkzeugen immer dickere Schrauben in den uns umgebenden Panzer, aus Furcht ihr Gebäude könnte gänzlich zusammenstürzen.

Zehntes Kapitel

Die Funktion der Ängste

Durch eine gewollte Ungewissheit von Beschäftigungsperspektiven schleicht sich nackte Angst in das Gefühlsleben vieler Menschen. Ein Niedersinken in die soziale Bedeutungslosigkeit droht. Wiederkehrende Arbeitslosigkeit und Leiharbeitsverhältnisse sollen jedoch als selbst verschuldet wahrgenommen werden. Überflüssige im Produktionsprozess haben eine wichtige Funktion, denn in der Öffentlichkeit werden sie endlich als Kostgänger wahrgenommen, die den staatlichen Kassen zur Last fallen. Diese wichtige Funktion im sozialen Prozess ist besonders ihnen zugedacht, denn die Wettstreitenden sollen ums soziale Überleben kämpfen.

Die Dauerarbeitslosen, bzw. diejenigen, die der Öffentlichkeit als Problemgruppe vorgestellt werden, geraten verstärkt zur auserkorenen Gruppe einer Sündenbockstrategie.

Die Erwerbsarbeit gewinnt erstaunlich an Reiz und Verlockung. Ihre erhöhte Beanspruchung erblüht zu einem Statussymbol. Insbesondere in den höher qualifizierten Berufsgruppen pflegt man lange Arbeitszeiten. Wer nicht erwerbstätig ist, verliert somit soziale Anerkennung. Es fehlen ihm die Mittel, um sich Ersatz für fehlende Statussymbole zu beschaffen. Der Verlust der Arbeit anderer in einer lohnarbeitfixierten Gesellschaft ist daher immer eng mit eigenen Gefühlen der sozialen Überlegenheit und der Zugehörigkeit verknüpft. Denn auf der einen Seite wächst die Erfordernis zur Erwerbsbeteiligung, um sich wohlig zu fühlen und dem sozialen Abstieg durch Arbeitslosigkeit zu entkommen. Anderseits werden durch die bedrückenden Zukunftsängste immer mehr Menschen systematisch in den Niedriglohnsektor gedrängt.

Bei dem Zusammentreffen von Gewinnern und Gescheiterten auf dem Arbeitsmarkt, sowie Stigmatisierung derer, die nicht am Konsumstil teilnehmen können, betritt nun der Sündenbock die Bühne der Gesellschaft. Auf ihr bekämpfen sich Gruppen mit hohem sozialem und kulturellem Kapital mit denen, die von diesen wichtigen Kapitalien ferngehalten wurden.

Der Aussortierte ist nicht mehr im Spiel, er ist ein schlechter Konsument. Diese neue Sozialfigur ist insgeheim aber willkommen, denn nun können die Guten im Publikum sich darbieten und sich wohlig auf ihren Drehstühlen zurücklehnen.

Die Konsumgesellschaft ist eine Art von Gesellschaft, die den Wettstreit um den besseren Lebensstil propagiert. Arbeitslosigkeit ist keine Voraussetzung für die Mitgliedschaft in dieser Gesellschaft. Nur eines ist wenigen klar: auf einem Arbeitsmarkt, der von mächtigen Konzernen beherrscht wird, haben Arbeitslose aktuell keine Chancen. Ursache der Umstände aus dem Rennen zu sein, verdanken sie wirtschaftlichen Spielregeln, die in Vorstandsetagen ausgedacht wurden.

Auf wen treffen wir auf den Abfallplätzen der Konsumgesellschaft? Wir treffen auf Frauen und Männer, die von ihrem erträumten Lebensweg abgedrängt wurden. Langzeitarbeitslose resignieren, denn ihr Erwerbsleben hat man ausgeschaltet. An eine Rückkehr in Arbeit glauben sie nicht mehr. Sie wissen nicht, wer sie abgeschaltet hat. Im Bewusstsein der eigenen Überflüssigkeit finden sie keine Antwort auf ihre ausweglose Lage. Der demütigende Blick der betuchten Arbeitsbesitzer tut seinen Rest dazu.

Dieses Kreisen in der Abstiegsspirale ist vielen Arbeitslosen bekannt, denn sie verlieren ihren Halt und ihre Qualifikation. Der stetige Wechsel von Kurzfristjobs, Leiharbeit und Maßnahmeverrichtung treibt sie Schritt für Schritt an den Rand der Gesellschaft. Oder waren sie schon immer im Randbereich? Erst in der Randbelegschaft, und nun in der Randgesellschaft am Rande der Stadt.

Was empfinden dagegen die Mitglieder der Kernbelegschaft, die beruflich und sozial Etablierten? Vielleicht heimliche Freude oder Stolz auf die eigene Leistung? Sie merken nicht, dass ihre Nützlichkeit von einem wirtschaftlichen Regime vorgerichtet wurde.

In den Randlagen der welkenden Arbeitsgesellschaft treffen wir auf viele Jugendliche ohne Beruf, die den wachsenden Lerndruck des Erwerbslebens nicht gewachsen sind. Die meisten von ihnen sind ohne Schulabschluss, und haben viele Warteschleifen durchlaufen. Trotz dieser Überbrückungen ist der Einstieg ins Berufsleben gescheitert. Hat man vergessen, dass alle jungen Menschen eine gute Ausbildung brauchen, oder gehören diese Unterschiede zum System? Hauptschüler schätzen schon früh ihre Chancen, sich im Erwerbssystem zu etablieren, sehr pessimistisch ein. Man nimmt ihnen dort in der Hauptschule jegliche Hoffnung und den Eifer ein Ziel zu verfolgen. Sie fühlen sich sozial abgehängt und defizitär neben Gymnasiasten und Realschülern. Ihr ganzes Leben lang werden ihnen diese Unsicherheitsgefühle als schwere Last auf den Schultern liegen, so gebeugt und hoffnungslos. Dafür bekommen andere die Möglichkeit erfreut auf sie herab zu schauen.

Diese soziale Schieflage ist eine Herrschaftsfrage in unsere Gesellschaft. Die Verteilung der Erwerbsarbeit steht nicht im Vordergrund der Ökonomie, sondern die Profitmaximierung der Unternehmen für eine kleine Gruppe der Vermögenden.

Der zentrale Gegenstand der politischen Auseinandersetzung ist eben nicht nur die Ausplünderung der unteren Sozialschichten, sondern das Heranpirschen starker gesellschaftlicher Gruppen an üppige Tröge.

Eine wichtige Rolle spielt der technologische Wandel in der Arbeitswelt. Die rasante Produktivitätssteigerung der letzten Jahre wurde aber nicht für eine Verkürzung der Arbeitszeit genutzt, sondern um Erwerbsgruppen für einfache Tätigkeiten schnell aus dem Markt zu drücken. Statt sie gezielt auszubilden, konnten jedoch Inhaber von Bildungszertifikaten in Kernbelegschaften aufsteigen.

Man denke sich eine frühe Gesellschaft, die sich an einem Fluss niedergelassen hatte. Da lassen die mächtigen Gruppen Wassermühlen bauen und baden im kristallklaren Wasser, doch die schwächeren dürfen sich einmal am Tag einen Kübel Wasser holen.

In engem Zusammenhang mit dem technischen Wandel steht die Personalpolitik großer globaler Unternehmen, die so gehandhabt wird, als ob Arbeiter selbst ein Produkt wären, das in kürzester Zeit profitabel oder ausgetauscht wird. Die Herausbildung einer Randlage von Aussortierten wird dadurch beschleunigt. Doch Erwerbsarbeit für alle beginnt mit einer Verkürzung der Arbeitszeit im Rahmen der jährlichen Produktivitätssteigerung. Geben hierfür wohl die dann bedrohten Kernbelegschaften ihr Einverständnis?

Denn nur die, die aus der Anerkennungsmaschinerie der Berufsarbeit und des Konsums herausfallen, sollen die schrecklichen Wirkungen spüren, und können Ängste transportieren.

Diese Ausgliederung aus dem Erwerbsprozess hätte man aufhalten können, wenn schon ab 1990 die Arbeitszeit sukzessiv mit dem technischen Fortschritt verringert worden wäre. Doch Arbeitgeber und Kernbelegschaften hatten die stärkere Position, sie drängten Schwächere aus dem Arbeitsleben mit furchterregenden Folgen. Eine ungeheure Masse von Menschen ist nun ohne Arbeit oder in prekären Beschäftigungsverhältnissen untergebracht worden. Die Solidarität zerbrach in diesem mörderischen Spiel um die besten Plätze im Berufsleben.

Auch der Staat ist in einer schwachen Position. Er versorgt die Überzähligen zwar mit Brot und kargen Behausungen, doch den Herrschaftsverhältnissen beugt er sich elegant.

Nicht nur aus dem gehobenen Arbeitsmarkt wurden die Geschwächten ausgegliedert, auch gleichermaßen aus dem Heiratsmarkt und der Partnerbörse.

Soziale Netze als Sicherheitsnetze und Aufstiegsnetze sind zerrissen. Neue können nicht geknüpft werden, denn Seminare und erlesene betriebliche Weiterbildung sind nur für Leistungsgruppen vorgesehen, nicht für Aussortierte und Unwillige. Welche ertragreichen Maßnahmen werden den Abgedrängten von Sozialämtern zugewiesen?

Das Leben am unteren Saum einer wohlhabenden Gesellschaft macht einsam und bleibt weitgehend verborgen. Dieses Randleben ist eine soziale Figur unserer Wirtschaftsordnung, Bote eines Zerfalls. Es streut Angst in viele beunruhigte Gruppen, aber es bringt die Menschen noch nicht aus der Fassung. Gleichwohl, dieser Bote hat gewaltigen Einfluss auf das politische Klima. Er sorgt in vielen Bereichen des Arbeitslebens für Statusunsicherheit und Angst vor dem beruflichen und sozialen Absturz. Die Last auf die, die noch Arbeit haben wächst enorm. Diese Verwundbarkeit kriecht bis unter die wärmenden Decken der gesellschaftlichen Mitte.

Zudem entfacht diese zementierte Arbeitslosigkeit heftige Verteilungskämpfe um Arbeit, und um knapper werdende wohlfahrtsstaatlicher Mittel. Diese Mittel, eher Schweigegeld als Fürsorge, werden natürlich von den im Erwerbssystem Etablierten als ein moralisch zweifelhafter Kostenfaktor oder als Hemmschuh besserer wirtschaftliche Entwicklung thematisiert. Viele sehen den Genuss der Früchte des eigenen Aufstiegs durch die dauerhafte Ausschüttung von Sozialleistungen gefährdet.

Der schändliche Empfang von Sozialleistungen hat so ein Stigma von Unfähigkeit und Sorglosigkeit erhalten. Das Medienbewusstsein assoziiert es mit Schmarotzertum, Gleichgültigkeit und Alkoholkonsum. Der Staat könne sich so etwas nicht leisten, und es wird Selbstverantwortung von den Überflüssigen eingefordert.

Mit dem dauerhaften Herausfallen aus dem Arbeitsleben droht ein Zerfall des sozialen Zusammenhalts. Denn die Berufsarbeit stiftet Sinn, und verhilft zum stetigen Konsum, ohne dass die dahinter lauernde Macht sichtbar wird. Arbeit für alle bedeutet immer auch Kontrolle über Konsumstile. Aber die Nichtbeteiligten am Erwerbsleben nähren den Verdacht der Unordnung, des Unangepassten und des Parasitären. Die Eingliederung der Abgeschobenen in das gesellschaftliche Herrschaftsgefüge wird brüchig.

Die Frage ist nun, mit welchem politischen Kitt dieses baufällige Gefüge ausgefüllt werden soll. Die Zeichen der Politik deuten auf autoritäre bestrafende Maßnahmen.

Die jammernde Sozialfigur auf der Bühne der profitablen Wirtschaft ist durchdrungen von Gefühlen der Aussichtslosigkeit, Neid und Sinnlosigkeit. Der Siegeszug der Konsumwelt marschiert an ihr vorbei. Das ist das subjektive Drama der Arbeitslosigkeit, denn Anerkennung, Status und Wohlstand sind heute nur denen versprochen, die Zugang zu hohen Gehältern haben. Hier wird die schonungslose Arbeitsmarktpolitik der Herrschenden in feinen Anzügen bildhaft. Sie bringen Beschäftigte gegen Arbeitslose in Anschlag, um von ihrer eigenen Machtfülle abzulenken. Die Arbeitsmarktteilhabe auch für die Ausgesonderten durch eine veränderte Verteilung der Arbeit darf es in dieser Gesellschaft nicht geben. Die

Sichtbarkeit der Weggeworfenen soll Angst in den Berufstätigen erzeugen, wenn es droht ins Nichts abzurutschen. Manchen würgt es schon beim Anblick der Jammernden. Wer möchte schon seine soziale Positionierung, die aufwändig erklommen wurde, für die Ärmlichen in Gefahr bringen.

Die anhaltende gesellschaftliche Spaltung seit den 1980er Jahren ist auch in anderen westlichen Demokratien zu beobachten. Ungeachtet der wohlfahrtsstaatlichen Segnungen in unserem Land, hat die führende Politik bei der Verbreitung der Armut einfach weg geschaut. Gerne werden konjunkturelle Schwankungen und die neue Technik für die sortierende Beschäftigungs- und Personalpolitik der Unternehmen als Ursache für die Langzeitarbeitslosigkeit verantwortlich gemacht. Es scheint plausibel, wie Massenarbeitslosigkeit entsteht. Die gelenkten Medien schieben die Aufmerksamkeit in eine vorgefertigte Richtung. So kann die Machtgier der Konzernherren sorgsam verschleiert werden.

Es gab schon immer einen von Dienstherren beherrschten Arbeitsmarkt, mit gewollten Ausgrenzungsmechanismen. Unser Bildungssystem leistet da gute Vorarbeit, denn es ist ein hervorragender Filter. Er trennt Menschen die ein Zertifikat für einen gesicherten und qualifizierten Arbeitsplatz haben sollen, von denen, die kein Zertifikat benötigen, wenn sie später in ungesicherte Arbeitsverhältnisse abgedrängt werden sollen. Das ist ein schon lange etabliertes Merkmal des deutschen Beschulungssystems. Eine starke Mittelschicht konnte sich hierdurch bilden. Sie hat ihr Bildungssystem so strukturiert, dass Kinder aus schwachen Sozialschichten in einem ausgefeiltem Sieb zur Hauptschule herab fallen. Nach diesem Sturz haben viele Jugendliche keine Kraft mehr sich für begehrte Schulabschlüsse aufzurappeln. Sie rütteln heute an den Pforten der Aufgestiegenen. Wie kann man sie abweisen? Wir rufen laut: Ihr habt selbst Schuld! Den Rest übernimmt der Sozialstaat mit Alg. II. Und nun können wir uns wieder behaglich zur Seite drehen und ruhiger schlafen.

Die Mittelschicht hat so ihren Nachwuchs zu Globalisierungsgewinnern verholfen, da sie über genügend kulturelle und soziale Mittel verfügen, die ihnen Zugehörigkeiten und Positionen sichern. Diejenigen aber, deren Mittelausstattung sehr gering ist, sind nicht mehr im Spiel. Diese unbrauchbare Gruppe ist noch nicht die Mehrheit in unserem Land, jedoch sie wächst unaufhaltsam.

Das Spähen in die soziale Sackgasse sollte aber dennoch zum Nachdenken anregen. Das herrschende Konzept der Aussonderung bestimmt eine elitäre Sichtweise, wo ein Mensch nur als Arbeitskraft und Konsument interessant ist, der, sobald der Verwertungsnutzen an ihm erloschen ist, ausgetauscht wird.

Was in den Banktürmen der Städte erdacht wird, nämlich mehr wirtschaftlichen Kampfgeist, äußert sich auf der kleinen menschlichen Ebene verhängnisvoll, da die individuellen und sozialen Folgekosten ignoriert werden. Die Politik unterstellt nun aber gleichmütig den Ausgesonderten und Überflüssigen Pflichtvergessenheit. Eine unlustige Sozialtechnik wird eingemeindet, eine Eliminierung des Sozialen eingeläutet.

Dies sind keine Krisen der Arbeitsgesellschaft oder Wirkungen der Globalisierung. Das ist folgsame Politik, die sich mächtigen Kapitalinteressen fügt und wichtige Wählerschichten anlocken muss. Eine Neuverteilung der Erwerbsarbeit soll es nicht geben. Der größte Teil der überzähligen Arbeitsmenschen wird vielmehr über einen Maßnahmenpaket weiter an ein wackeliges Erwerbssystem gebunden und somit dürftig integriert, denn Arbeit auf dem gehobenen Markt ist nur einer bestimmten Schicht zugedacht. Dieses ist kein Arbeitsmarkt, es ist ein neoliberales Unterdrückungssystem.

Elftes Kapitel

Der verehrte Reichtum

Ein großer Teil der Masse in unserer gierigen Konsumgesellschaft leidet durch prekäre Lohnarbeitsverhältnisse. Diese Menschen möchten mehr konsumieren, finden jedoch nur schlecht bezahlte Arbeit, womit nur kleine Wünsche gestillt werden können. Ihr Arbeitsangebot wird auf Märkten wenig nachgefragt. Es ist eine millionenfache Verschleuderung von Tatendrang in unserer Volkswirtschaft. Warum lassen nun Unternehmer diese riesige Reserve ungenutzt herumstehen? Es sind Teile des Systems zur Profitmaximierung. Sie gehören zum globalen Konkurrenzkampf der Konzerne. Deshalb freuen sie sich über viele Millionen unfreiwillige Verlierer, um Druck auf die Löhne auszuüben. Arbeitslose jedoch spüren einen verachtenden Blick, der ihnen oft offen oder heimlich folgt, da sie als Wertlose abgestempelt sind.

In unserer kranken Wirtschaft, in der gigantische Konzerne den Ton angeben, ist massenhaft unbefriedigte Nachfrage, und zwar im privaten wie auch im öffentlichen Bereich. Aber die Konzerne haben feine Knebelinstrumente zur Ausbeutung der Arbeitnehmer im Programm. Für Aufstocker und Leiharbeiter geringen Lohn zahlen ist fruchtbar für Unternehmer. Ob da wohl eine kleine Sehnsucht nach einem Häuschen schlummert? Doch schnallt eure Gürtel bitte etwas enger, hört man von den Habenden.

Wir sehen die Armut kinderreicher Familien in bestimmten Stadtteilen und die blanke Ungerechtigkeit, die diesen Kindern im Schulalltag begegnet. Gerechtigkeit kann sich unsere Gesellschaft in diesen Bereichen nicht leisten. Dafür fehlen ihr anscheinend die

Mittel. Unsere Volkswirtschaft zeigt sich hier arm, und zusätzlich müssen noch die Rüstungskonzerne bedient werden. Manche Volkswirte und Politikberater tönen sogar, wir lebten über unsere Verhältnisse. Das mag für einige wenige gesellschaftliche Gruppen schon zutreffen. Wer muss denn nun seinen Gürtel enger schnallen, um die Wirtschaft wieder etwas flotter zu machen? Denn in Wahrheit könnte unsere Wirtschaft mehr Konsum von unteren Schichten gebrauchen. Leistungsreserven von über 3 Millionen Arbeitslose warten auf ihren Einsatz. Doch für die gibt es ja Discounter und gebrauchte klapprige Autos.

Es fehlt offenbar das volkswirtschaftlichen Grundwissen, dass steigende Löhne für die Binnenkonjunktur heilsam sind. Unsere Wirtschaft krankt auch, weil die Nachfrage nach Produkten bei Arbeitslosen so gering ist um den Kreislauf zu stabilisieren. Der Austausch stockt, und bremst den Strom der volkswirtschaftlichen Zirkulation. Unternehmen müssen ihre Produkte zwangsläufig mit einem riesigen Transportaufwand im Ausland anpreisen. Über diese Investitionen freuen sich die Kapitalgeber. Aber nicht bei allen volkswirtschaftlichen Flüssen ist die Strömung zurückgegangen. Denn es gibt Geldflüsse, die dicker geworden sind als die Löhne, höher als die Preise und länger als die Arbeitslosenzahlen. Man hat also einen langfristigen Vorreiter für das Ansteigen der Leiharbeit, für das Ansteigen der Arbeitslosigkeit und für den Anstieg der befristeten Arbeitsverhältnisse.

Die kranke Wirtschaft leidet auch, weil die Kapitaleinkünfte der oberen Gesellschaftsschicht über Jahre hinweg höher gestiegen sind als die Löhne, und deshalb aus dem produktiven Kreislauf heraus geleitet wurden. Die Investitionen fielen zurück, und die überschüssigen Geldhaufen speisten die internationalen Finanzmärkte. Diese Geldflüsse signalisieren, dass riesige virtuelle Geldströme um die Welt kreisen, aber eben nicht produktiv sind. Während die Lohneinkünfte eher stagnieren, tut sich etwas im Bankenreich: nämlich dort, wo Zinsen und Dividenden gezahlt werden. Ein Jahr der Krisen und Konkurse ist zugleich ein gutes Jahr für Banken und Aktionäre.

Wo Zinsen fließen, da ist Geld von Verleihern zu Schuldnern verschoben worden, und die Zinsen sind die Kosten. Wo viele Zinsen gezahlt werden, dort wurde viel Geld geliehen. Wo viel Geld ausgeliehen wird, dort lagert Geld in großen Schatullen von solchen Wirtschaftssubjekten, die satt sind und keinen echten Bedarf mehr haben.

Steigen in einer Volkswirtschaft die Geldhaufen in großen Schatullen stark an, so signalisiert das eben, dass sich überquellende Geldmassen dort angesammelt haben, wo weder ein eigener Bedarf an Verbrauchsgüter, da sie schon in Fülle vorhanden sind, noch ein eigener Bedarf an Investitionsgütern besteht. Genau das ist bei uns der Fall. Geld wird einfach bedürfnislos auf Paletten hin und her geschoben.

Hört sich alles sehr polemisch an. Aber, die Massenarbeitslosigkeit und die Profitflüsse in die Kassetten der Reichen stehen in einem eigenartigen Zusammenhang. Als wenn eine unsichtbare Macht verhindert, dass sich dieser ändert. Ein Kalkül geht tanzen: zuerst das Herabdrücken der Löhne und Lebensweise der Arbeiterklasse um Angst zu säen, dann das Einspringen der sorgenden Großorganisation Staat für den zurückgehenden Konsum um eine Aufruhr der Armen zu vermeiden, und endlich die ersehnte Konsumsteigerung für Gewinne in die eigene Tasche. Erhöhter Konsum ist eine sichere Bank für die begüterte Schicht, und er wird in Zukunft weiter steigen.

Scheinwerfer an!

Den Arbeitslosen und Leiharbeiter fehlt es permanent an Geld, um ihren kargen Konsumbedarf zu stillen. Dem Staat fehlt es an Geld, da ihm durch entstehende Konsumlücken Steuergelder entgehen. Auch Subventionen für die Unternehmer soll er nicht antasten. Einigen Unternehmen fehlt es an Geld, um ihr Eigenkapital aufzustocken. Dem Bedarf fehlt einfach das Geld, ohne das er zur wirksamen Nachfrage werden kann. Der Bedarf kommt nur dann an Geld, wenn er sich es leiht. Denn das Geld ist dort, wo es sich schnell vermehren soll, nicht dort wo Bedarf besteht. Es liegt in Tresoren, nicht für die Nachfrage nach Waren und Diensten, sondern es soll sich stetig vermehren. Dieses Geld ohne Bedarf verhilft also nur dem Begehren nach noch mehr Geld. Staatspapiere von einigen Ländern sind da eine vorzügliche Anlage, denn sie verdoppeln alle 10 Jahre den Inhalt der Schatullen. Die Kellergewölbe der großen Banken müssen ständig vergrößert werden, man gräbt und buddelt, sogar bis in Nachbarstaaten. Die Profitströme schwellen ständig an, nur wohin mit der unbändigen Flut. Reiche werden immer von den Fluten überschwemmt.

Unvermeidlich trocknen andere Geldflüsse aus. Befinden sich nämlich Gelder nicht in den Kassen der Konsumenten, also nicht in den Taschen der ärmeren Klassen die Güter kaufen möchten, und auch nicht in den Kassen kleiner Unternehmer, die investieren wollen, sondern in den großen Tresoren von Vermögensbesitzer, die schon alles im Überfluss haben, dann müssen diese Gelder in riskante Anlagen wechseln und Beute machen. In unserer Volkswirtschaft fließt viel Kapital in die falsche Richtung, und sie muss auf Pump leben. Der wirtschaftliche Verkehr kommt ins stottern. Konzerne versuchen nun mit Rationalisierungen ihre Kosten zu senken, vor allem im Personalbereich. Arbeitnehmer schiebt man zuerst ins Abseits. Nur die Leiharbeit gedeiht, vor allem bei kurzen Konjunkturaufschwüngen. Die Konsumnachfrage wächst nicht wie versprochen. Die Werbeindustrie mit einem Volumen von jährlich vielen Milliarden Euro läuft auf vollen Touren.

Unsere Marktwirtschaft ist so geflochten, dass aus dem Wirtschaftskreislauf automatisch riesige Geldhaufen abgezogen werden und in Kassen lagern, wo sie nicht auf Bedarf treffen. Die Kosten für die Stabilisierung des Kreislaufs sind gewaltig. Sie fallen in Form von Steuern an und erhöhen die Ungerechtigkeit, da sie diejenigen belasten, die ihren kargen Lohn verkonsumieren müssen. Es ist eine gut durchdachte Subventionierung der Wohlhabenden durch die Schaffenden. Eine solche ständige Subventionierung der Vermögenden durch die Masse der Kleinkonsumenten ist nicht nur ungerecht, sondern erst recht volkswirtschaftlich unsinnig. Dieses Einkommen Kapitaleinkünften, Einkommen ohne eigene Leistung, hat die Tendenz sich zu vermehren wie Krebszellen, die das gesunde Gewebe schädigen und am Ende zerstören. Die Finanzjongleure nähren sich an diesem Gewebe wie an Honig.

Wie wird sich nun der Beschäftigungsbereich in dieser Wirtschaft, in diesem virulenten Umfeld entwickeln? Arbeitgeber bereinigen beständig ihren Personalbestand. Nicht nur die Lohnkosten sinken dadurch, auch die Menschen ist man endlich los. Arbeitswillige können nicht mehr durch Arbeit ihren Lebensunterhalt verdienen. Der sorgende Staat muss einspringen, um Unruhen zu verhindern und um den Nachfragerückgang aufzufangen. Millionen Leiharbeiter sind die neue Reservearmee. In baldiger Zukunft gibt es in den unteren Massen nur noch Teilzeitbeschäftigte, Leiharbeiter, Arbeitslose und Bürgerarbeiter. Bürgerarbeit als verziertes Hüllwort für Hartz IV-Empfänger. Es kaschiert vorzüglich den von der Politik gut vorbereiteten Weg in die kalten Randgebiete unserer Gesellschaft. Es hilft den Arbeitgebern ihre Säuberung vom unwerten Arbeitspersonal in den Produktionsräumen weiter zu beschleunigen. Diese prekären Verhältnisse befallen langsam kriechend die noch gesunden Schichten. Dabei rückt der Bürger, als ursprünglicher Auftraggeber der Wirtschaft immer mehr an den Rand. An seiner Stelle wird nun das Geld zunehmend zum Auftraggeber, auch weil es für Topmanager einfacher ist, zwei Dutzend Politiker zu Milliarden-Ausgaben zu bewegen, als Millionen Bürger nochmals zu einer zusätzlichen Konsumsteigerung. Die Profittöpfe schwellen weiter, wohin nur mit dem Geld!

Doch die Angst der Bürger vor dem Absturz, die Angst vor Komfortschäden, die Angst in die Bedeutungslosigkeit abzurutschen lässt sie alle in eine Richtung laufen. Panikartig werden andere, ohne hinzusehen, zur Seite gedrängt.

Mit welcher programmatischen Angst sind ganze Gehirnareale der Bürger in der Mitte unserer Gesellschaft überspielt worden? Die innere Landnahme ist gut organisiert, die Masse der Diener verehrt feine Autos und feine Kleidung. Stramme Konformisten werden mit diesen Verehrungen produziert.

In der gegenwärtigen politischen Lage müssen wir uns darüber klar werden, auf welche Weise die Verschuldung der Bürger als Instrument für die private Geldschwemme dient. Auch die Verbindung von Politik und Finanzkapital hat in den letzten Jahren eine massive auf gegenseitige Nützlichkeit beruhende Annäherung erfahren. Was zaubern die Finanzjongleure heute davon, da man ihnen die Zügel abgestreift hat. Es wird sich für die Geldelite eine gute Lösung finden, womit der Rest der arbeitenden Menschen aufs Kreuz gelegt werden kann. Ist der Bedarf an Produkten gedeckt, muss neuer geschaffen werden. Es ist für die Konzerne und für die Geldelite unabdingbar, dass Menschen in gierige Konsumenten umgewandelt werden. Kopfzerbrechen würde den Akteuren nur eines bereiten: wenn wir beginnen Kaufhäuser zu meiden. Solange das nicht eintritt, und wir weiter kaufen und wegwerfen, können sie weiter alles auf ihre Kapitalinteressen zuschneiden.

Zwei wichtige Maßnahmen könnte also die Geldelite zum grübeln anleiten: kritische Bürger nehmen die verordnete Angepasstheit eines eifrigen Konsumenten nicht mehr wahr, und zweitens die Abschöpfung der Geldhalden durch staatliche Steuern. Doch schon karren sie ihre Geldhaufen mit wenigen Mausklicks in Millisekunden automatisch in andere Kontinente.

Es ist der Honig für findige Geldjongleure, die über den Wolken zwischen Frankfurt und New York fliegen. Sie fliegen hoch über die sich ausdehnenden Armenviertel.

Zwölftes Kapitel

Wichtige Sündenböcke

Wir müssen die Frage verfolgen, was die Existenz der Nutzlosen, jenes ökonomischen Abfalls, den die globale Wirtschaft als Nebenerzeugnis im Arbeitsmarkt beständig herstellt, jene als faul und wertlos abgestempelten Menschen für den Zusammenhalt der fügsamen Marktmenschen leistet. Die mediale Verfolgung und politische Gegenüberstellung von Leistungswilligen und Hartz IV-Empfängern löst Angst vor der eigener Talfahrt aus, und erzeugt somit willige Gefolgsleute, wovon Arbeitgeber heimlich träumen. Man muss hinzufügen: Je beschädigter der soziale Zusammenhalt der isolierten Konsumenten, Eigenheimbesitzer und Berufsmenschen ist, und je weniger es wirkliche Zusammengehörigkeit in unserer Gesellschaft gibt, desto beliebter sind Sündenböcke. Diese angezettelte Empörung über die Faulheit der Arbeitslosen wird auf die Bühne gestellt, damit die Herrschaft der Unternehmer über die Arbeitnehmer und ihre Willigkeit erhalten bleibt.

Das die Perspektivlosigkeit der Langzeitarbeitslosen und der Leiharbeiter durch die Personal- und Lohnpolitik mächtiger Konzerne vorangetrieben wird, ist im allgemeinen Bühnenbild nicht zu erkennen. Konzerne haben den Niedriglohnsektor für ihre Randbelegschaften eröffnet, um die internationalen Märkte zu erobern. In diesem Eroberungskampf sind fallende Lohnkosten selbstverständlich. Die Randbeschäftigten zwingt man ohne Skrupel ins Elend, denn der Staat lindert ja die herbeigeführte Armut. Der Arbeitsmarkt besteht sowieso nur für qualifizierte Nachfrager. Für Arbeitslose in den Warteschlangen der Agenturen besteht kein Markt, sie müssen sich den künftigen Arbeitgebern und kargen Löhnen fügen, um nicht als Gescheiterte abgestempelt zu werden. Es ist der bürgerlichen Bewusstseinspflege dank einer einseitigen Etikettierungsvorschrift und mit Hilfe der Massenmedien gelungen, ein Bild von Arbeitslosen zu malen und im Denken der Masse zu verankern, in dem sie durch ihre Faulheit selbst an ihrer Nutzlosigkeit verschuldet sind. Dieses gelungene Bild und die damit verbundenen Ängste geben, kräftig gefördert durch Auftritte der Politiker, einen immer wichtigeren Zement für das ideologische Rechtfertigungsgebäude der neoliberaler Lohnpolitik ab.

Die Arbeitslosen werden so mit ihrer hergestellten Wertlosigkeit zur negativen Identität und zur gefürchteten Existenz der Lohnabhängigen. Denn gerade diejenigen, die sich nur noch mühevoll im Lohnarbeitsleben halten können und die durch Ratenverschuldung und Sorge um ihren Arbeitsplatz beständig am Rande des Absturzes und der sozialen Ausgrenzung stehen, haben es zwingend nötig, sich am heftigsten über den Müßiggang Anderer zu erzürnen. Die Hoffnung auf neue Arbeitsplätze, die eifrig von der Politik als Köder in scheinbar greifbarer Nähe gehängt wird, und das Ringen um soziale Anerkennung vermag sich nicht in einen offenen und gemeinschaftlichen Kampf gegen die neoliberale Elite zu wandeln, sondern klammert die Verängstigten nur noch krampfhafter und verbissener an die privaten kleinbürgerlichen Konsumformen.

In dem Thesenbrei der neoliberalen Wirtschaftsmanager sind Arbeitslose nur kleine Sandkörner, die das wirtschaftliche Getriebe stören. Bei einer konjunkturell bedingten Unterauslastung der Wirtschaft mögen Arbeitssuchende bitte alle Arbeiten annehmen. Wenn das Lohnniveau im Niedriglohnsektor generell zu hoch ist, sodass Arbeitsplätze für einfache Arbeit unrentabel werden, sollte der Staat die Lohnkosten übernehmen. Die Arbeitslosigkeit aufgrund von Qualifikationsmängel der Arbeitsuchenden soll mit Bildungsanreize in den Hauptschulen beseitigt werden!

Da steht er nun, der arme Tropf, ohnmächtig in den langen Schlangen. Keine Silbe über Arbeitszeitverkürzung bei Gutverdienenden; kein Wort über die Marktmacht der Arbeitgeber. Nicht einen Satz über die Herrschaftsverhältnisse im Arbeitsmarkt und herkunftsbedingte Aufenthalte im Hochlohnsektor. In einer Exportnation spielt nun mal die Lohnpolitik für Unternehmen eine Schlüsselrolle, ohne Rücksicht auf den Binnenmarkt. Natürlich hat sie im oberen Lohnbereich auch eine Köderfunktion. Die Gewerkschaften sind für eine marktgerechte Lohnpolitik gewonnen. Wachstumspropheten und Globelplayer beeinflussen zerstörerisch mit ihrer Machtfülle alle sozialen Systeme unserer Gesellschaft.

Wir teilen uns selbst ein in für die Wirtschaft ungebildete Wertlose, und in wertvolle Menschen, die in der Wirtschaft erfolgreich sind. Oh dort: hängende Schultern, Zigarettenrauch, den leeren Blick nach unten, es klickt in unseren Zellen, ein fauler Arbeitsloser. Ah hier: hohe Stirn, dunkler Anzug mit Seidenkrawatte, gereinigter Mittelklassewagen, es blitzt im Gehirn, ein erfolgreicher gern gesehener Herr, zu ihm möchte ich mich zählen. Diese Wahrnehmung wird auch in den Nachwuchs transportiert. Im Schulsystem eignen sich daraufhin Jugendliche Wissen an, mit dem Kalkül es später in Geld umzuwandeln. Die Boten der Wirtschaft winken den Sprösslingen entgegen. Diese Zweiteilung der Gesellschaft ist in unseren Hirnen eingebrannt. Da hängen sie zappelnd im Sieb: Gymnasium = wertvoll oder Hauptschule = wertlos.

Alles dies wird begründet mit dem Selbstlauf wirtschaftlicher Sachzwänge. Dabei spüren viele Menschen, dass dieser schöne Fortschritt nicht mehr mit Hoffnungen verbunden ist. Es geht jetzt um die Frage, wie man den Blick von dem versteinernden Antlitz dieser wirtschaftlichen Unvernunft, dieser Betongestalt, freibekommen kann für die Suche nach nicht lebensfeindlichen Alternativen. Die heutigen Götzen heißen doch: Digitalisierung und Marktwirtschaft, Wachstum und Profit, Leistung und Erfolg, und als heiligstes Paar im Götterhimmel, Bilanzen und Dividende. Wann halten die Vorstände in den Konzernen inne? Vielleicht wenn sie mit einem Burnout-Syndrom in ihrer Privatklinik weilen, wo sie düster spüren, dass ihr Lebenswahn ausgebrannt ist.

Noch ist die Meinung vorherrschend, dass Lohnerhöhungen für die Masse der Arbeitenden weniger Gewinne für Unternehmer schaffen. Dieses allgemeine Gesetz gilt allerdings nicht für Hochlöhne. Auch die Kürzung der finanziellen Stütze an Arbeitslose erhöht die Aufnahme von einfacher Arbeit, und drückt die Lohnkosten der Unternehmen. Bei hohem Einkommen allerdings ist dieser Zwang unnötig, denn man greift doch gerne zu. Präziser und unverhüllter kann kein Bühnenstück die Abhängigkeit einer ganzen Gesellschaft von einer kleinen Schicht der Besitzenden und die Funktion der Politik in ihr schwerlich darstellen.

Die beim Jobwettbewerb erfolgende Verdrängungsgefahr von oben nach unten können modellhaft mit dem Bild von unendlichen Warteschlangen im Markt verglichen werden. Die Arbeitslosen formen eine Schlange, wobei die relative Position eines Arbeitssuchenden durch solche Merkmale bestimmt wird, die von den Unternehmen als wichtiges Auswahlkriterium verwendet werden. Solche Merkmale sind Alter, Hautfarbe, Geschlecht und Bildungszertifikate. Nur die Arbeitslosen mit nützlichen Kennzeichen haben positive Aussichten und reihen sich im Schlangenkopf ein. Diejenigen, die am Ende der Schlange stehen, bleiben auch bei Konjunkturaufhellungen für immer arbeitslos. Irgendwann wird der Staat sie in seine Ärmchen nehmen, oder sie können in der Pflegeindustrie unterkommen. Arbeitssuchende mit guten herkunftsbedingten Merkmalen befinden sich eben selbstverständlich auf den wertvolleren Positionen. Früher waren die Menschen, die sich in der Mitte der Schlange aufhielten, die industrielle Reservearmee. Heute braucht die vollautomatisierte Restindustrie keine Reservestreitkräfte mehr, und das Verweilen in der Schlange ist hoffnungsloser geworden. Außerdem schiebt die Mittelschicht ihren Nachwuchs immer machtvoller auf die beliebtesten Plätze. Große Körperteile der Warteschlange sind vertrocknet und abgefallen. Die Bundesagentur für Arbeit mit ihren vielen Tausend Beschäftigten vertuscht mit riesigen Förderprogrammen das langsame Absterben der eigenen Äste. Fördern für die sich langsam auflösende Arbeitsplätze prägt das Bild der Maßnahmen. Jobbörse ist das neue schöne Wort, dort wird nicht mit Wertpapieren gehandelt, sondern mit Menschen. Für einen kurzen Moment flackert ein Hoffnungsschimmer auf, dann spüren sie den Aufprall am Boden, der Wettkampf ist verloren. Andere haben den Platz schon eingenommen.

An Monatsenden ist dann heftiges Gedränge in den Konsumhallen, denn es gibt staatliche Stütze für Kleinrentner und Arbeitslose. Die übersatten Habenden sind hier nicht anzutreffen. Hier schielen Hungrige auf Preise in den unteren Regalen. Die wertvollen Menschen haben eigene Konsumgewohnheiten. Die Wertlosen müssen sich eben im Niedrigpreisbezirk einleben. In diesem Gesellschaftsstück erkennen wir, dass Arbeitslosigkeit die Grundlage für den Unterwerfungsprozess der unteren Sozialschichten sein soll. Wir müssen jedoch bedenken, dass solch ein Ungemach nicht alle Fragen nach der Ursächlichkeit von Jobverdrängungskämpfe, Deklassierung und Verarmung mit mehr oder weniger pauschalen Hinweisen auf Wirtschaftskrisen und Machtkartelle der Konzerne beantworten. Es müssen auch die Machtverhältnisse zwischen den sozialen Schichten und gesellschaftlichen Gruppierungen eingeblendet werden. Denn die höheren Schichten hocken noch frohgemut auf den gebeugten Rücken der unteren Masse. Dieses Hocken wird gerne als ein Marktgesetz umgedeutet, um schlicht von Machtgesetzen abzulenken.

Welch ein alles infizierender Bazillus hat sich da in die Gehirne der sozialen Wesen eingenistet, der verhindert, dass Arbeitsbesitzer und Arbeitslose gemeinsam gegen die Ausbeutung und Unterdrückung der Kapitalbesitzer kämpfen? Sind es die fein lackierten Prothesen einer besonderen Schicht, durch die angepassten Menschen sich kritiklos zur Beute wandeln lassen?

Dreizehntes Kapitel

Die Denkschranken der Abgerichteten

Bei Beobachtungen des menschlichen Verhaltens in den Marktsphären Bildung und Arbeit mit ihren oft dramatischen Folgeproblemen wird das Bestehen der Konkurrenz zwischen den Menschen schon immer beständig mitgedacht oder sogar vorausgesetzt. Denn nur durch den gnadenlosen Zwang zu Konkurrenzbeziehungen – bei Strafe des sozialen Untergangs – setzt sich das Handeln der Bildungs- und Arbeitsbesitzer überhaupt erst als schematisches Verhalten in den einzelnen Menschen fest. Ohne diesen Zwang kann man ihr antrainierten Verhalten im wirtschaftlichen Alltag sehr wenig verstehen.

Konkurrenz ist zunächst kein natürliches Handeln, oder ein unmoralischer Verhaltensstil, den man einfach abändern könnte, sondern ein zwingendes Werkzeug unserer heiligen Konsumwirtschaft. So hängt die ständige Verschärfung der Gegnerschaft im Lohnarbeitssystem mit gewaltsam sich durchsetzenden Konzernstrategien auf den Weltmärkten zusammen, die auch von der Politik mitgestaltet wird. Insofern kann man den Einzelnen nicht verantwortlich für diese Verhältnisse machen, denn es herrschen objektive Verhaltenszwänge. Obwohl diese Unfreiheiten sich also durch eine unpersönliche Sache entwickeln, schlagen sie sich in der Psyche und im Verhalten der Menschen nieder. Die Individuen sind gezwungen, wenn sie aufeinander stoßen, den jeweils anderen zu schädigen, so dass einer auf der Wegstrecke liegen bleibt.

Der größere Mittelklassewagen mit feinem Lack eines anderen Menschen ist keineswegs etwas wohltuendes, über das ich mich freuen könnte, weil es mir im gesellschaftlichen Rahmen auch zugute kommt, sondern primär etwas, das bei mir selbst Versagens-angst, und die Angst unvollständig zu sein, hervorruft. Nehme ich die Fähigkeiten der Anderen wahr, lösen sie bei mir einen Impuls aus. Es beherrscht mich ein Interesse an der Abdrängung derer, die ein höheres Ansehen genießen. Manchmal gesellt sich bei der Abdrängung des Anderen auch etwas Freude an seinen Leiden dazu. Diese heimliche Freude hat ein zusätzliches Beruhigungssignal, und es gibt mir das Gefühl eigener Macht. Diese Konkurrenzgebaren übertragen sich schleichend auf alle Sozialbeziehungen, nisten sich in die Seelen und in das Alltagsbewusstsein ein. So formt unsere neoliberale Ökonomie Menschen, die ein bereichertes Leben nur dann führen können, wenn sie den Befehl ihrer Perfektionierung nachkommen. Bei einer verschlechterten Arbeitsmarktlage kann man es bei Bewerbungsauftritten in vielfältig verfeinerten Formen beobachten.

Die Kolonialisierung des menschlichen Verhaltens durch die entfesselte Wirtschaft, welche die aggressiven Teile im Handeln zur unerträglichen Verselbstständigung treiben, wird im Alltagsbewusstsein verschleiert, und ist weitgehend für das bürgerliche Denken sehr kennzeichnend. Wer am härtesten ist, und seine Einzigartigkeit und Leistungskraft auf Kosten der Anderen am deutlichsten beweist, ist der Erfolgreichste. Die dekorativen Fassaden bei solchen Auftritten, wie Maßanzug, Handtasche oder lackiertes Mittelklassegefährt, sind dann die notwendigen Symbole der Position. Diese Symbole sollen auch die persönliche Hinterbühne des Auftretenden verdecken, um seine Schwächen, seine Ängste und sein falsches Leben zu maskieren.

Aber auch einfache Symbole übersäen feine Kauflandschaften und Werbespots im Fernsehen. Oft sind es auch unsinnige und unnütze Produkte, die als tolle Instrumente angeboten werden, doch es sind eher Zeichen der Illusion oder Langeweile.

Viele Erwachsene tendieren durch bescheidene Aufstiegsverheißungen dazu, sich gegenüber den prekär Beschäftigten als etwas Besseres zu fühlen und beziehen ihr brüchiges Selbstbewusstsein aus dem Festhalten an bürgerlich-reinlich Formen des Zusammenlebens. Da drehen sich täglich viele Millionen Waschmaschinen mit einem neuen Waschmittel, wundersame Staubsauger stöhnen und Abermillionen Autoräder rollen an Wochenenden zu Restaurants. Dieser zur Schau getragene symbolische Konsum ist eine klägliche Fassaden, die folgsam zu beschaffen ist. Diese Fassadenelemente werden über Medien als etwas Selbstverständliches in unser Alltagsbewusstseins eingewoben.

Das Verhältnis der Menschen zum Erwerbsleben wird durch die drohende oder wirklich erfahrene Arbeitslosigkeit entscheidend mitgeprägt. Dass die Angst vor dem Verlust des eigenen Arbeitsbesitzes in verborgenen Formen auch bei Angestellten, die äußerlich gesichert scheinen, weit verbreitet ist, wird in vielen Therapien entschlüsselt. Diese Angst ist nämlich ein unausbleiblicher Begleiter unserer Wirtschaftsordnung. Sie ist gleichzeitig für die Unternehmen noch die zuverlässigste Quelle zur Beschaffung von Arbeitsmotivation. Bekanntlich sinken Krankenstände in Zeiten größerer Unsicherheit ganz erheblich. Auch wird die Forderung nach mehr Lohn oder Demokratisierung am Arbeitsplatz sofort stark eingedämmt wird, mit dem wissenschaftlichen Hinweis darauf, dass eine Schmälerung der Profite unweigerlich in der scharfen Weltmarktkonkurrenz die Arbeitsplätze gefährden würde. Diese erzeugte pure Angst ist das strengste und zugleich unpersönliche Zuchtmittel, das die Eingliederung der Menschen in unser Wirtschaftssystem sichert. Wie wirkt sich nun die Furcht oder der tatsächliche Hereinbruch der gefürchteten Arbeitslosigkeit auf die Kritikfähigkeit der Lohnabhängigen und auf betroffene Familien aus? Welche Wirkungen werden an Kinder ungewollt und unbewusst weitergereicht?

Der Schlag ins Gesicht, der durch Arbeitslosigkeit verspürt wird, bedeutet, wer nicht arbeitet, soll verschämt zu Boden blicken. Dieser Blick zu Boden, diese Schamreaktion, wird von Menschen mit gesichertem Einkommen und ihrer Leistungsideologie hervorgerufen, weil sie auf die Verlierer herabblicken. Die Gewinner, die noch im Spiel sind, lassen dann auch schreiben: Die Nichtarbeiter sollen ihren Gürtel enger schnallen und nicht unseren Staat ausplündern. Das gute Gehalt der Leistungsbürger, dessen Anhäufung zum Zwecke des verbesserten Konsums im privaten Haushalt, diese Verlockung, dient als Abwehr gegen die Hoffnungslosigkeit bei drohender Arbeitslosigkeit. Diese beständige Drohung zeigt besonders deutlich, was die gleichgültige und verselbstständigte Ökonomie aus den Menschen macht. Man kann aus guten Gründen dieses Handeln als krankhaft bezeichnen. Denn dieses Hundeleben der Einen und das jämmerlich Feine der Anderen sind nicht zukunftsfähig. Wann wird die Axt an diese ausschlagenden Wurzeln gelegt, und in veränderndes Handeln umgemünzt?

Sind da in den verödeten Schlafstätten der Wohnsilos an den Rändern der Städte oder in den bürgerlichen Stadthäusern an den Südhängen noch Aufschreie möglich?

Viele Familien schrumpfen zur bloßen Fernsehkonsumstätte und Auftankstation, sie stehen als Gegenpol nicht mehr zur Verfügung. Besonders in den Großstädten schwinden sie langsam wie ein dahin siechender Fluss. Die dadurch Zurückgeworfenen auf scheinbar ganz individuelle einsame seelische Problemlagen verlieren die Kraft für solidarisches Handeln. Dieses ist auch eine Bedingung dafür, dass Partnertrennungen, wenn man sich also gegenseitig konsumiert hat, so erfolgreich und einseitig psychologisiert werden können, statt sie vor dem Hintergrund der herrschenden Ökonomie zu beleuchten.

Statt Aufschreie gibt es nun aber reichliche Ersatzgegenstände. Unsere Konsumgesellschaft mit ihren wirtschaftlichen Zwängen zur ständigen Marktausweitung hat auch für die Masse der Bevölkerung wunderschöne Dinge geschaffen, die früher kaum zu erahnen waren. Die kurzfristigen Konsumgüter – Kosmetika, Handys, Kleidung und Handtaschen – sollen zerstreuen und die Kritik am Wirtschaftssystem auslöschen. Diese Gegenstände erhöhen allerdings auch die Müllberge, doch es entsteht schon eine neue Entsorgungsindustrie. Ein anderer beliebter Versuch zur Wiedererreichung eines bedeutsamen Sinns, welcher eine eigene Richtung geben soll, ist zum Beispiel das rapide Umsichgreifen der Haustierhaltung. Ein künstlich hergestellter Raum von Ersatzstücken einer Natur in Gestalt von aufwendigen Tieren, Gärten und großen Topfpflanzen sollen gleichsam als Trost für das leidende Selbst fungieren. Das halb Zerbrochene kann da vorübergehend geklebt werden. Neben diesen kleinen Ersatzgegenständen gibt es auch wunderbare üppige. Es ist jedem absolut freigestellt, ob er sich vorrangig für Hunde, Autos, Kinder, Segelboote, gutes Essen oder Fluchtreisen in den Süden interessiert. Diese Suchbewegungen zum schmückenden Konsum zielen auf eine beruhigende Übereinstimmung mit dem vorgefertigten Meinungsbild, um Zustimmung bei anderen zu erhaschen oder das Gewissen zu besänftigen. Regte sich da etwa Reue oder hörte man kurze Schreie aus den großen Dienstwagen, die am Abstellgleis eines Arbeitsamtes vorbeifuhren?

Die Menschen auf den Abstellgleisen der Arbeitsbeschaffungsmaßnahmen müssen eine strenge Enttäuschungsfestigkeit einüben.

Diese Gleise als Nebenprodukt unserer Wirtschaftsordnung sind nicht nur Reibungsverluste, sondern haben auch etwas Nützliches in sich. Ihre Thematisierung in der öffentlichen Meinung verscheucht die Angst vor eigenem Statusverlust, und schweißt Arbeitsbesitzer in einem Kollektivbewusstsein zusammen. Denn je fragwürdiger, mittelbarer und gebrochener der soziale Zusammenhalt der isolierten Besitzer ist, je dringender benötigen sie eine Scheinsolidarität, die sich aus einer gemeinsamen Empörung über das bequeme und untätige Verhalten der Arbeitslosen herleitet. Diese gemeinschaftliche Empörung über Arbeitslose, und bei ihrer aufmerksamen Verfolgung in den Medien sind unbewusste Interessen mit im Spiel, die auf eine Erhaltung des Status quo hinauslaufen: auf eine Verfestigung des jeweiligen brüchigen Kompromisses, den man selbst mit den Normen am eigenen Arbeitsplatz und der eigenen Wut eingehen musste.

Wenn man es in dieser nach Gewinn strebenden Gesellschaft zu etwas bringen will, oder auch nur ein kleiner anerkannter Konsument sein möchte, dann muss man schon einiges können: Erstens muss man die unterschiedlichen Gebote der Zwischenmenschlichkeit zwischen den Lebensbereichen des Arbeitsmarktes, des Konsums und des Privaten sauber auseinander halten können. Man muss zweitens in der Lage sein, die wirtschaftlichen Seiten des Alltags und die sozialen Verpflichtungen unter einen Hut zu bringen, damit es gelingt ohne Orientierungsverluste, Verwechslungen oder lähmende moralische Skrupel durch die vielen Klippen der widersprüchlichen Rollenanforderung hindurchzumarschieren. Wer Mitmenschlichkeit in sein Marktverhalten mit hineinschleppt, weil er nicht gelernt hat, sich ihrer rechtzeitig zu entledigen, der dürfte in kürzester Zeit den Überlistungsstrategien seiner unmittelbaren Konkurrenten auf dem Arbeitsmarkt zum Opfer fallen. Wer etwas Wertvolles geworden ist, eine vortreffliche Fähigkeit zum sozialen Auftritt hat, kann aber ebenso gut Leute als Konkurrenten in einer

besonders erfolgreichen Weise wirtschaftlich in den Abgrund
schieben. Für die Ausgebooteten ist dann der anonyme Sozialstaat
zuständig. Dieses programmierte und gummiartige Verhalten, das
auch an den Nachwuchs weitergegeben wird, ist aber gefährlich,
weil es die ökonomisch bedingte Gleichgültigkeit, Flexibilität und
Perfektionierung im Zwischenmenschlichen unhinterfragt unterstützt und vorantreibt. Es entsteht ein stummer Zwang zum weiter
so, untermauert von einer Drohung des schwebenden Schwertes
Arbeitsverlust und Ansehensverlust.

Auf diese unwürdigen Formen des menschlichen Zusammenlebens der kapitalistischen Erwachsenen werden die Heranwachsenden in Familien, Kindergärten und Schulen vorbereitet. Dabei geschieht diese Vorbereitung weitgehend unabhängig vom guten
Willen der Erzieher und ihrer Lernziele. Dieses Bereitmachen zur
Anpassung geschieht eben dadurch, dass sich eine Wirtschaftsordnung in alle Lebensbereiche einnistet. Ein Bereich ist der Kinder-
wunsch, er meldet sich verspätet, wenn ein hohes Berufsziel erklommen wurde. Mit Hund und feinem Auto ist es geruhsamer zu
leben. Und wenn Kinder da sind, dann wird ihnen etwas aufgebür-
det. Schleichende Kompensationsbedürfnisse in einem Familienge-
häuse durch ökonomische Ziele der Eltern; kein Hüpfen und Klet-
tern im Wald an Nachmittagen, sondern alljährliche Fluchtbewe-
gungen zu südlichen Stränden. Nach der Schule bietet sich für viele Kinder das Fernsehen als Ersatzgegenstand für das Fehlende
und Ventil für das Neugierverhalten geradezu an. Von Sekunde zu
Sekunde wechseln die Bilder, und so wird das am Morgen müh-
sam im Hirn Kurzgespeicherte schnell wieder gelöscht.

Man kann daraus folgern, dass eine stumpfe Gesellschaft die Individuen, die sie benötigt, niemals erziehen könnte, würde in einer
solchen Erziehung nicht folgenreich in die Natürlichkeit des Kin-
des eingegriffen. Wenn heute zunehmend die Kindheit bereits in

den Kinderjahren gerodet wird, wo Kinder zweckgerichtet mit unserer Konsumwelt vertraut gemacht werden, dann wird jener Infantilismus einer Konsumbiographie als Ausgleich gerade systematisch gezüchtet. Dieses wird zur herrschenden Normalität, einem öffentlichen Meinungsbild, und verträgt sich gut mit Interessen der Wirtschaftselite. Da entsteht eine Persönlichkeit, die es gut versteht, sich wie ein Automat in den Personenmarkt einzuschleusen, und für sich das erforderlichen Ansehen herauszuschlagen. Dieses Musterwesen will ja nur das Wohlige für sich. In unserer passiven Handygesellschaft ist Kritik an der Wirtschaftsordnung verflogen. Aktiv sind die Subjekte nur noch vor Geldautomaten, in Konsumhallen und auf kompensierende Urlaubsreisen.

Zum Schluss:

Jenseits unserer Denkmuster

Auf uns lastet eine Bedrohung, denn wir werden in wirtschaftlichen Räumen gehalten, die sich selbst zerstören. Wir wollen jedoch in ihnen hartnäckig weiterleben, obwohl sich die künftige Entwicklung dunkel am Himmel abzeichnet. Alles erdenkliche tun wir, fein lackiert und wund, um es zu ignorieren.

Wir tun alles andere lieber, als die widerstreitigen Interessen zwischen der ausbeutenden Marktwirtschaft und den Bewohnern der Markträume zu erkennen. Es ist ja angenehmer den beruhigenden Worten der politischen Führer und Strategen des herrschenden Wirtschaftsregimes, die sie mit Hilfe der Medien an uns richten, zu zuhören. Wenn die Götter dieser Wirtschaft nun weiterhin unsere sozialen Räume ruinieren, wenn sie nun vor allem daran festhalten Solidarität zu vernichten und Mitmenschen wegzustoßen, dann kann doch unsere Unberührtheit gar nicht weiter leben.

In naher Zukunft ist die große Masse der Arbeitnehmer für die Mächtigen materiell nicht mehr notwendig und wirtschaftlich bedeutungslos geworden. Das ist die Gefahr, die auf lange Sicht Arbeitnehmer bedroht. Aber diese Gefahr blenden wir aus, und glauben, Arbeitslosigkeit sei nur eine vorübergehende Folge einer unbeständigen Konjunktur. Die Tatsache, dass ein Arbeitsmangel, außer in Dienstleistungsberufe wie Altenpflege, Müllwerker, Putzkolonnen oder Polizeidienste, bald zur Norm keimen wird, scheint uns allen zu entgehen. Die Wirtschaftsbosse müssen diese Verschleierung behüten, die sie in unser Alltagsbewusstsein transportiert haben. Eine Illusion von immer vorhandener Arbeit, die manchmal nur vorübergehend nicht da ist, die Illusion eines vorübergehenden Mangels den man abstellen kann, ist Betrug. Doch man muss die Abrichtung der Masse erhalten. Auch Frauen rund um den Globus strömen noch verstärkt auf Arbeitsmärkte. Hinter der Norm der Doppelverdiener-Familie des neoliberalen Marktes verbirgt sich jedoch eine Gestalt des abgesenkten Lohnniveaus für viele Frauen und sinkenden Lebensstandards für die untere Hälfte der Gesellschaft.

Die neue Frauenbewegung hat auch hier ihre Zutaten geliefert, vielleicht unwissentlich. Einerseits die Laufmannschaft der berufstätigen Mittelschichtfrauen mit ihrer Entschlossenheit die männliche Domäne zu durchbrechen, und auf der anderen Seite die weiblichen Teilzeitkräfte, wie Niedriglohnkolonnen, Putzzüge und Hausdienerinnen. Letztere sollen keine Würde haben, keine persönliche Weiterentwicklung und keine Befreiung von Abhängigkeitsverhältnissen, sondern nur kommen und gehen

In politischen Reden wird uns mehr Beschäftigung angekündigt, der Zustand wird jedoch nicht eintreten. Botschafter und Zuhörer, Redner und Wähler, sie wissen es, sie haben sich um diese Illusion geschart und miteinander verbündet, um dieses Wissen zu leugnen. Andere Reden sind etwas verzweifelt, und haben einen Hauch von Trauer über das untergehende System. Die Entlohnung die uns einschätzte, Arbeitszeiten, Urlaub, Pensionierung, Zeitstrukturen und die Geborgenheit der Gruppe, alles löst sich langsam auf, verweht, und die digitalisierte Welt übernimmt die Arbeit.

Es geht nicht darum, etwas zu beweinen, was nicht mehr existiert. Es geht nicht darum die Globalisierung und neue Technologien abzulehnen. Es geht darum, sich der Enteignung, sich der inneren Landnahme zu entledigen, um die Dinge klar sehen zu können. Analysen und Berichte der Wirtschaftspresse, die keinen Widerspruch dulden, vermitteln uns, dass unsere Wirtschaftskultur allein von den Führungseliten vorgegeben wird, und in den Händen dieser Entscheidungsträger gut aufgehoben ist. Alle Anderen sollen so leben und verbrauchen wie es vorgegeben wird, aber bitte mit etwas mehr Willen zum genormten Konsum.

Angesichts dieser Zukunftsbilder ist es schon seltsam, dass niemand daran denkt, das langsame Ausradieren der festen Arbeitsverhältnisse mit allen Mitteln zu verhindern. Ihr Fehlen wird einfach als Zwischenspiel dargestellt, und auf eine neue Leistungsgesellschaft verwiesen. Doch auch hier wird rationalisiert, eine immer größer werdende Masse Menschen ausgeworfen.

Es ist unumgänglich das Leben vieler, die angesichts des zukünftigen Mangels an Beschäftigung als Überflüssige gelten, auf solidarischen Wegen menschlicher zu gestalten, indem die Arbeitszeiten generell verkürzt werden!

Wir sind Opfer einer Amnesie. Und stecken wir nicht mit unserer kleinen vertrauten Welt, die in die Gewalt wirtschaftlicher Mächte geraten ist, in der Falle? Dieser Raum, der nicht mehr unserem vertrautem Rhythmus entspricht, gibt aber den Takt an. Einen Raum wo es wenige Fluchtwege gibt, da er vollständig von fremden Mächten durchdrungen ist. Verbissen wollen wir in ihm weiterleben, in dem wir uns festkrallen, weil wir von seinen Gaben, seinen überquellenden Kaufhäusern für immer begeistert sind.

Die Frage, wie sich die Zukunft entwickelt, reduziert sich heute auf Untersuchungen über künftige Nachfrage der Konsumenten. Sie bestimmt die weitere Entwicklung der Warenwelt, also der Welt, die für uns wichtig sein soll. Was wird in genügender Menge verkauft werden können? Wann werfen freudige Konsumenten endlich das Verbrauchte weg, damit sie in ausreichend große Anzahl von Strömen mit leeren Einkaufswagen erneut in Kaufhallen einmarschieren? Die neuen Propheten, die das Konsumklima erforschen, haben die Aufgabe, ihre Ergebnisse als Verheißung der Zukunft zu verkünden und nebenbei die Menschen zu neuen Käufen anzuregen. Die Regale müssen sich leeren, denn volle Containerschiffe legen in deutsche Häfen an.

Es müssen immer mehr Warenhaufen in immer größer gebauten Konsumpalästen verkauft werden. Deshalb darf die Verzauberung durch eine Ware nicht lange anhalten. Große Müllwagen fahren täglich durch Städte, und kippen dann das Entzauberte in riesige Verbrennungsöfen. Junge einsame Menschen irren mit einem Handy durch Straßen, warten auf eine Botschaft, eine lang ersehnte Anerkennung, doch sie erblicken nur Werbung von Konzernen. Die jungen Menschen ahnen nicht, dass Handys vorrangig Instrumente internationaler Konzerne sind, um ihre Wege und ihre Konsummuster zu lenken. Was ist in unser Hirn eingedrungen, was hat uns ausgehebelt? Ein ökonomisches Regime hat sich in uns eingenistet, hat unser Denken übernommen. Was bleibt, ist der Ehrgeiz der Menschen, lieber innerhalb eines Denkfehlers eine hohe Bewunderung zu erobern, als diese kapitalistischen Übelstände zu überwinden, in dem einige so wohlig eingebettet sind. Andere liegen jedoch neben dem Bett, ziehen sich verzweifelt am Laken hoch, um einen wärmenden Platz in diesem System zu ergattern.

Dieses Wärmende ist in Wahrheit eine Herrschaftsgestalt, von der wir uns befreien sollten. Wir müssen dieser Auslieferung an Marktprozesse entkommen. Auch das Handeln der Finanzjongleure mit gigantischer Menge an Rendite suchendem Geld, das nicht in der Realwirtschaft erwirtschaftet wurde, schmieren wir mit unserer Konsumbesessenheit. Dies entsteht auf der Grundlage, dass viele die freien Märkte als etwas Wunderbares sehen, und die Krisenanfälligkeit ignorieren. Dieses betrügerische System erzeugt Arbeitslosigkeit und Armut durch Nebenschäden für einen großen Teil der unteren Gesellschaftsklasse. Das Ganze wird aber interessanterweise nicht als Ausdruck der Krisenanfälligkeit und der politischen Missachtung einer neoliberalen Wirtschaft gesehen, sondern als Folge von üppigen Geschenken des Sozialstaates.

In der aktuellen Krisendebatte werden auch wirtschaftliche Grenzen des Wachstums ignoriert und tabuisiert. Gleichzeitig treffen aber die Bedürfnisse an ihre Grenzen bei jenen, die schon alles haben. Die permanente Rationalisierung durch den Einsatz immer neuer Unterwerfungstechniken treibt die Wirtschaft zunächst voran, verwandelt sich aber später zu einer grausigen Bremse. Sie erzeugt nämlich Wut im unteren Gesellschaftsraum. Dadurch geht die Massenkaufkraft der unteren Schichten zurück. Die Gewinnerwartungen der Konzerne sind nun in Gefahr, die gerne unter Einsatz von Dauerbeschuss mit Werbung ihre Waren übers Land spülen möchten, um das wenige Geld der unteren Masse einzusammeln. Die sukzessive Verkürzung der Arbeitszeit für alle Vollzeitbeschäftigten ist ein gehbarer Ausweg aus diesem Irrsinn. Zurzeit wird jedoch die Verkürzung nur in Form zunehmender Teilzeitarbeit bei Frauen sowie der Zunahme von befristeter Beschäftigung und boomender Leiharbeit vorangetrieben, um Belegschaftskerne und Beamte vor kleinen Gehaltsminderungen zu bewahren.

Dem herrschenden neoliberalen Denken zufolge gibt es zu dem jetzigen Arbeitsmarktregime und der Machart der globalen Arbeitsteilung nicht nur keine Alternative, sondern es wird auch behauptet, diesen Weg zu gehen sei fortschrittlich, und allen Menschen mit Unternehmergeist sei der Erfolg sicher. Es genügt nicht zu erkennen, dass diese Behauptungen unsinnig sind, keiner ernsthaften Überprüfung standhalten und auch durch Tatsachen widerlegt sind. Die Denkarbeit an einer wirtschaftlichen Alternative ist dornig. Das wird ein langer beschwerlicher Fußmarsch. Denn das Grundversprechen der Ideologen lautet, freie Märkte werden zu größeren wirtschaftlichen Erfolgen und wachsenden Wohlstand für alle führen. Auch die Verschärfung sozialer Ungleichheiten ist gut gelungen, doch die positiven Ergebnisse stehen aus. Der Wettlauf um höchste Kapitalerträge für Vermögende und die niedrigsten Löhne für die Arbeitnehmer ist gestartet. Das Ergebnis ist überall an den mageren Rändern der Städte sichtbar. Wer jedoch sich von Ausgrenzung bedroht fühlt, trachtet seinerseits nach Ausgrenzung der noch Schwächeren und der Fremden.

Aufgabe einer Kapitalismuskritik muss sein, die Ursachen dieses gigantischen Versagens aufzudecken. Die Gründe herausfinden, weshalb sich Männer und Frauen, Klagende und Verfechter sich diesem System und sich selbst unterwerfen. Jeder sucht in diesem Schlamm mit eiliger Hand nach Pfründen, Anerkennung und Geld. Dieses Suchen wird mit Instrumenten der Verängstigung und Ausbeutung gefördert. Werkzeuge in den Händen der Vermögenden werden jedoch oft als globale Viren verschleiert, und lähmen damit die gesellschaftlichen Widerstandspotenziale. Das Unmenschliche wird zusätzlich durch die Identifizierung mit den Gewinnern im Steigerungsprozess für beide, Gewinner und Verlierer, auf der Bühne voller Warenhäuser versteckt.

Die Denkmuster der Neoliberalen wurden ohne Widerstand in unsere Köpfe eingewoben. Die Fragen des guten Leben und das Trachten nach dem Sieg seien Privatsache, werden fraglos von der Masse übernommen. Dadurch leisten alle dem Dauerlauf im Hamsterrades und dem Stigmatisierungsprozess heftig Vorschub. Bloß nicht fragen, wohin uns Wachstum und Alltagsbeschleunigung hinführen soll. Solange wir uns auch individuell immer verzweifelter um eigene Standortsicherung und Aufrechterhaltung unserer Wettbewerbsfähigkeit kümmern, solange wir uns in das immer schneller sich drehende Hamsterrad hineinstürzen, ist es schwierig für unser Gehirn, die Frage nach dem richtigen Lebenslauf einzublenden.

Die große uns bewegende Frage sollte sein, wie das herrschende Wirtschaftssystem in unser Privatleben gelangte, und das Profitstreben die Menschen erzieht. Wir müssen auch unseren Blick von dem ökonomischen Kreislauf abziehen und auf die sozialpsychologische Prozesse der Vergesellschaftung lenken. Der Ort des Übels ist dann nicht nur im Geld zu suchen, sondern zugleich in den Subjekten. Sie benutzen, wie in der Tier- und Pflanzenwelt zu beobachten, Lockmittel, um andere für sich arbeiten zu lassen. Offensichtlich wird dieses Handeln in unserer Gesellschaft immer mehr bejaht. Denn das Kosten-Nutzen-Kalkül hat sich in vielen tief eingebettet. Auch Politiker sollten sich fragen, von welchen Menschen sie trotz hoher Arbeitslosigkeit und Millionengehälter für Manager, Rohstofffraß und Armut immer wieder gewählt werden.

Wer sich durch grenzenlose Wettbewerbs- und Anpassungsfähigkeit auszeichnet, und mit einem fügsamen Konsumverhalten zum allgemeinen Wohl der Konzerne beiträgt, der bekommt im wahrsten Sinne des Wortes ein hohes Ansehen. Diese herrschende Aktivierungsnorm hat ebenso entfremdenden wie selbstquälerischen Charakter. Was den Entfremdungsprozess angeht, so sieht die Aktivierung von den privaten Bedürfnissen der Menschen ab, um diese voll und ganz im Sinne wirtschaftlicher Interessen zu mobilisieren. „Leistung muss sich lohnen" ruft es von der politischen Bühne. Alle Personengruppen sollen diesen Mobilisierungsbefehl folgen, Vorschulkinder und Studierende, Arbeitslose und Frührentner. Erwerbsarbeit für den Konsum als Richtschnur gesellschaftlicher Erwartungen. Wer diese Erwartungen nicht erfüllt ist unverwertbar. Was die Menschen selbst für sich als Inhalt eines sozialen Miteinander wünschen würden, spielt in unserer Wirtschaftsordnung keine Rolle. Wer jedoch die vorgegebenen Bedingungen realisieren kann, tatsächlich sich gebeugt hat und eine gewisse Art des Konsumierens zeigt, also feine Kleider trägt, fördert auch das Schweigen. Einfach gesagt: Das Jenseits des heutigen Kapitalismus kommt keineswegs von außen oder von oben, sondern von innen, vom kritischen Denken.

Doch die Masse der Bevölkerung ist verstummt, denn wenn es drückt in der Seele kann sie sich in Kaufhäusern entladen. Die bestehenden Herrschaftsverhältnisse nähren sich vom Schweigen. Wodurch entsteht die Apathie der Menschen, diese Kultur des Schweigens? Es gelingt, weil sie die Theorie von der natürlichen Unterlegenheit der Unteren unter dem Druck von Macht und Angst, und durch Verlockungen, verinnerlicht haben. Die innere Unterwerfung vor der Übermacht der Arbeitgeber, den Mächtigen, führt dazu, dass die Arbeitnehmer am unteren Rand der Lohnspreizung und Arbeitslose sich selbst so sehen, wie die Arbeitgeber und die Arbeitnehmer im Hochlohnsektor sie sehen, nämlich als faul und erbärmlich ungebildet. Alles was sie erfahren, ist eine immer neue Bestätigung dieser ihrer Unbrauchbarkeit und Nichtigkeit, und daraus entsteht Armut und Wut, Unwissenheit und Fremdbestimmung. Das wichtigste Instrument dieser kulturellen Kolonialisierung, dieser Besetzung des Alltagsbewusstseins, dieses Quartier nehmen im Gehirn, ist die Erziehung zum Wettlauf in unserem Bildungssystem und die Lernprozesse im bürgerlichen Milieu. Alles vollzieht sich im Klima von Konkurrenz und Abstiegsängsten. Auch die neoliberalen Aktionen der Arbeitsmarktpolitik zur Domestizierung, zur inneren Unterwerfung der Fremdbestimmten, ist wahrscheinlich die eindrucksvollste politische Herrschaftsstrategie der letzten Jahre. Der Kern dieser Strategie liegt in der Durchsetzung einer mäßigen Lohnentwicklung und der propagierten Schaffung von Arbeitsplätzen um jeden Preis. Das Verteilungsproblem um Arbeit wird dadurch nicht gelöst, sondern es wird festgelegt, was gedacht und gesagt werden soll.

Jedenfalls ist das wichtigste Instrument dieser Kultur der Anpassung und des Schweigens die Angst vor dem Abstieg. Eine solidarische Kultur müsste eigentlich zur Kritik unserer Bildungsklassengesellschaft aufrufen. Doch der Grundsatz Wissen ist Macht ist zum universalen Herrschaftsprinzip geworden ist.

Die Herrschaft einiger Wissenden ist deshalb so gefährlich, weil sie sich nicht allein über den gesellschaftlichen Status oder das Privateigentum aufrechterhält, sondern auch über ein selektives Bildungssystem. Der Mehrheit wird das Wissen nicht nur vorenthalten, sondern in vielen Schulen verkümmern einfach Fähigkeiten. Man kann Schülern ihre Neugier und damit ihre Lernfähigkeit schon sehr früh abdressieren. Hierdurch entsteht in vielen Leben später Arbeitslosigkeit, Armut und sozialer Ausschluss. Doch das wird schnell als ein Problem der Begabung umdefiniert. Die Schaffung von Arbeitsplätzen wird zur großen verheißenden Formel, sozusagen die Märchenerzählung gegenwärtiger Politik. Es dient zur Ablenkung und Rechtfertigung einer arbeitgeberfreundlichen Regierungshandlung, in der Arbeitnehmer aufeinander gehetzt werden, um sie gefügig zuhalten.

Die von Arbeitgebern verordnete Beschäftigungsideologie im Sinne von freiem Arbeitsmarkt verschleiert jedoch unser gesellschaftliches Kernproblem – dem Verteilungskonflikt um Arbeit, Einkommen und Anerkennung – grundsätzlich. Denn die als natürlich empfundenen Machtverhältnisse im Arbeitsmarkt wird mit Hilfe der Politik und des Schulwesens in Gang gehalten. Jugendliche werden mit den unerbittlichen Machtverhältnissen der Bildungsklassengesellschaft langsam durch die Schulen bis in den Arbeitsmarkt geschleust. Die Einen durch zufüttern mit Nachhilfe und Psychopharmaka in kleinen Dosen, und die Anderen durch Vorbereitung auf einen Dienst mit Besen und Schere. In dem unser Bildungssystem schon immer entsprechend dem Mythos von den begabten Eliten und den schwachbegabten Mehrheiten organisiert wurde, erzeugte man das Erwartete. Diese Einwirkungen auf Jugendliche verdammt viele später zum Schweigen.

Da im Zuge einer Digitalisierung der Produktionsabläufe immer mehr Arbeit eingespart wird, können neue Arbeitsplätze nur noch im gering entlohnten Bereich und im befristeten Bereich einer neuen Dienerschaft entstehen. Der magere Lohn zwingen die Abgeschobenen hier zum Schweigen. Doch ebenso schweigsam bewegen sich verführte Schlaue mit ihren feinen Kleidern und hübschen Villen. Sie sind besonders eingemeindet in Machtverhältnisse, dort fühlen sie sich wohl. Sollten sie in dieser gemütlichen Gemeinde das Prinzip - gleiche Teilhabe und gleicher Lohn – einfordern, sich ihre eigenen belaubten Äste absägen?

Das Instrumente der Zwänge zur Annahme von gering entlohnter Beschäftigung sind wichtig für die jetzige und zukünftige Arbeitskultur. Das oberste Ziel ist Integration in den Arbeitsprozess mit Druck auf die Löhne, denn Arbeitgeber wünschen Profite. Die Großkonzerne und die Mittelschicht haben ihre Wünsche mit Hilfe der Politik ohne Widerstand umsetzen können. Der Staat stützt so die herrschende wirtschaftliche Ordnung, ohne Rücksicht auf soziale Grausamkeiten. Die Regierungspolitik preist sich hier als Dienerschaft der Vermögenden an. Das Kommando haben heute die Wirtschaftsführer, denn sie sehen sich unversehens in der Interessenlage früherer Feudalherren.

Ob wir diesen Sachverhalt verdrängen oder verabscheuen, ob wir ihn aus unserem vorgefertigten Meinungsbild verdammen wollen oder ob wir ihn in unserem Handeln verankern möchten, hängt natürlich von der Interessenlage ab, in der wir uns befinden. Wer möchte sich schon von dem Wärmenden verabschieden.

Die heutige Rendite-Produktion der großen Konzerne gedeiht durch verführte dümmliche Konsumenten, die einfältig dafür sorgen, dass ihnen auch noch die Mehrwertsteuer aufgebrummt wird, bevor sie ihre Kofferräume vollstopfen. Leider beschleunigen Berufstätige und Arbeitslose aus der Unter- und Mittelklasse nicht die Abschaffung dieser gesellschaftlichen Missstände, sondern kurbeln sie noch kräftig an, um ein wenig partizipieren zu können.

Die Frage, wie schnell etwas auf dem Markt geworfen werden kann, ist für die Konzernlenker das Maß aller Dinge. Wie weit können die Lohnkosten noch gesenkt werden, um die Umverteilung nach oben in Gang zu halten, und damit eine Steigerung der Gewinne sich verselbstständigen kann. Denn das Verlangen der Menschen ist nur ein reich beladenes Kaufhaus. Selbst schon Jugendliche bewerten sich selbst nach dem Besitz ihrer schönen Kleidungsstücke und aufwendigen Handys. Sie werden später mithelfen, dass dieses unsoziale System weiter gedeihen kann. Erwachsene haben es in ihnen eingewoben, sie werden sich nicht verweigern.

Wir müssen lernen unser Handeln in Frage zu stellen! Wir müssen Kritik in soziales Verhalten umsetzen, und den Dienern dieses Systems nicht mehr gehorchen. Das Suchen nach Auswegen muss durch ein Vorleben in Kinder und Jugendliche weiter wirken.

Endlich werden in der Masse Stimmen laut, viele haben sich erhoben, haben ihre Unentschlossenheit abgelegt, sie rufen etwas zur Bühne, und dann schallt es durch das ganze Theater: Nicht so, nicht dermaßen, nicht um diesen Preis wollen wir von der Wirtschaftselite regiert werden! Sofort schallt es von den Dienern der Wirtschaft, die sich auf den Rängen versammelten, auf die Entschlossenen nieder: Schweigt dort unten, wir sind eine erfolgreiche Wirtschaftsnation!

Entfernen wir die Viren aus unseren Gehirnen

9 783748 108139